안양대HK+
동서교류문헌총서
08

Verlegung des Alcoran
마르틴 루터의 꾸란 주석
역주

안양대학교 신학연구소
안양대HK+ 동서교류문헌총서 8
마르틴 루터의 꾸란 주석 역주

초판인쇄 2023년 5월 25일
초판발행 2023년 5월 31일

라틴어본 지은이 Riccoldo da Monte di Croce
중세 독일어본 주석 Martin Luther
번역 및 주해 조용석

펴낸곳 동문연
등 록 제2017-000039호
전 화 02-705-1602
팩 스 02-705-1603
이메일 gimook@gmail.com
주 소 서울특별시 용산구 청파로 40, 1602호 (한강로3가, 삼구빌딩)

값 20,000 원 (* 파본은 바꾸어 드립니다.)

ISBN 979-11-981913-2-8 (94230)
ISBN 979-11-974166-0-6 (세트)

* 이 저서는 2019년 대한민국 교육부와 한국연구재단의 HK+사업의 지원을 받아 수행된 연구임 (NRF-2019S1A6A3A03058791).

Verlegung des Alcoran

마르틴 루터의 꾸란 주석 역주

Riccoldo da Monte di Croce 라틴어본 지음
Martin Luther 중세 독일어본 주석
조용석 번역 및 주해

동문연

발간에 즈음하여

안양대학교 신학대학 부설 신학연구소 소속의 인문한국플러스(HK+) 사업단은 소외·보호 분야의 동서교류문헌 연구를 2019년 5월 1일부터 수행하고 있다. 다시 말하여 그동안 소외되었던 연구 분야인 동서교류문헌을 집중적으로 연구하면서, 동시에 연구자들의 개별 전공 영역을 뛰어넘어 문학·역사·철학·종교를 아우르는 공동연구를 진행하고 있다. 서양 고대의 그리스어, 라틴어 문헌이 중세 시대에 시리아어, 중세 페르시아어, 아랍어로 어떻게 번역되었고, 이 번역이 한자문화권으로 어떻게 수용되었는지를 추적 조사하고 있다. 또한, 체계적으로 연구하기 위해서 동서교류문헌을 고대의 실크로드 시대(Sino Helenica), 중세의 몽골제국 시대(Pax Mogolica), 근대의 동아시아와 유럽(Sina Corea Europa)에서 활동한 예수회 전교 시대(Sinacopa Jesuitica)로 나누어서, 각각의 원천문헌으로 실크로드 여행기, 몽골제국 역사서, 명청시대 예수회 신부들의 저작과 번역들을 연구하고 있다. 이제 고전문헌학의 엄밀한 방법론에 기초하여 비판 정본을 확립하고 이를 바탕으로 번역·주해하는 등등의 연구 성과물을 순차적으로 그리고 지속적으로 총서로 출간하고자 한다.

본 사업단의 연구 성과물인 총서는 크게 세 가지 범위로 나누어 출간될 것이다. 첫째는 "동서교류문헌총서"이다. 동서교류문헌총서는 동서교류에 관련된 원전을 선정한 후 연구자들의 공동강독회와 콜로키움 등의 발표를 거친 다음 번역하고 주해한다. 그 과정에서 선정된 원전 및 사본들의 차이점을 비교 혹은 교감하고 지금까지의 연구에 있어서 잘못 이해된 것을 바로잡으면서 번역작업을 진행하여 비판 정본과 번역본을 확립한다. 그런 다음 최종적으로 그 연구 성과물을 원문 대역 역주본으로 출간하는 것이다. 둘째는 "동서교류문헌언어총서"이다. 안양대 인문한국플러스 사업단은 1년에 두 차례 여름과 겨울 동안 소수언어학당을 집중적으로 운영하고 있다. 이 소수언어학당에서는 고대 서양 언어로 헬라어와 라틴어, 중동아시아 언어로 시리아어와 페르시아어, 중앙아시아 및 동아시아 언어로 차가타이어와 만주어와 몽골어를 강의하고 있는데, 이러한 소수언어 가운데 우리나라에 문법이나 강독본이 제대로 소개되어 있지 않은 언어들의 경우에는 강의하고 강독한 내용을 중점 정리하여 동서교류문헌언어총서로 출간할 것이다. 셋째는 "동서교류문헌연구총서"이다. 동서교류문헌연구총서는 동서교류문헌을 번역 및 주해하여 원문 역주본으로 출간하고, 우리나라에 잘 소개되지 않는 소수언어의 문법 체계나 배경 문화를 소개하는 과정에서 깊이 연구된 개별 저술들이나 논문들을 엮어 출간하려는 것이다. 이 본연의 연구 성과물을 통해서 동서교류의 과거·현재·미래를 가늠해 볼 수 있고 궁극적으로 '그들'과 '우리'를 상호 교차적으로 비교해 볼 수 있을 것이다.

안양대학교 신학연구소 인문한국플러스 사업단장

이은선

차례

발간에 즈음하여 4

역주자 서문 8

제1부 작품 해제

마르틴 루터의 꾸란 주석에 대하여 12

제2부 마르틴 루터의 꾸란 주석 번역

수도사 리콜도의 꾸란 주석 (마르틴 루터 박사) 20

수도사 리콜도의 서문 30

제1장 꾸란의 주요 부분들에 대하여 33

제2장 어떻게 오류를 유지하는가 43

제3장 꾸란은 구약성경과 신약성경이 그것에 대하여 증거하거나
 예언하지 않기 때문에 하나님의 율법이 아니다 46

제4장 꾸란은 말하는 방식이 다르기 때문에 하나님의 율법이 아니다 55

제5장 꾸란은 성경뿐만 아니라 다른 합리적인 교리와 부합하지 않는다 64

제6장 어떻게 꾸란은 스스로 모순되는가 69

제7장 꾸란은 기적으로 증명되지 않는다 78

제8장 어떻게 무함마드의 율법이 야비하며 이기적인가 89

제9장 꾸란의 공개적이고 거친 거짓말에 대하여 116

제10장 무함마드의 법은 살인적이고 강압적이며 분노적이다 141

제11장 꾸란은 무질서하기 때문에 하나님의 율법이 아니다 151

제12장 꾸란은 악한 법이기 때문에 하나님의 율법이 아니다 156

제13장 이 법의 저자는 누구이며, 얼마나 꾸란은 불확실한가 164

제14장 이상하고 끔찍한 거짓말과 환상에 대하여 174

제15장 사라센인들에 반대하는 꾸란의 여섯 가지 공통적인 질문들에 대하여 183

제16장 복음서가 꾸란을 능가한다 206

제17장 이 모든 것들에 대한 사라센인들의 답변 214

찾아보기 220

역주자 서문

안양대학교 신학연구소 HK+ 사업단은 리콜도(Ricoldo da Monte di Croce, 1243-1320)의 『리콜도의 사라센 논박 역주』(Contra legem Sarracenorum, 1300)[1]를 출판하였으며, 후속편으로 16세기 프로테스탄트 종교개혁운동의 포문을 열었던 『마르틴 루터의 꾸란 주석』(Verlegung des Alcoran, 1542)을 번역, 출판하게 되었다. 『마르틴 루터의 꾸란 주석』은 라틴어로 기술된 『리콜도의 사라센 논박』을 중세 독일어로 주석한 책으로서, 단순 번역서가 아니라 일종의 재창조된 주석서이다.

16세기 오스만 투르크(Ottoman Turks)의 유럽침공은 역설적으로 프로테스탄트 종교개혁운동의 성공을 위한 중요한 주변적 요인으로서 작용했다. 오스만 투르크와의 전쟁경비의 마련을 위하여 황제 카를 5세가 추구했던 제후들의 협력적 관계의 구축은 프로테스탄트 진영에 대한 탄압이 유예될 수 있는 정치적 상황을 제공했기 때문이다. 이와 같은 상황 속에서 루터는 타락한 로마-가톨릭교회의 개혁을 위하여 오스만 투르크의 군사적 위협을 신학적으로 해석한다. 이는 일종의 섭리론적 역사해석으로서, 그에게 있어서 오스만 투르크는 타락한 로마-가톨릭교회의 개혁을 위한 하나님의 채찍으

---

[1] 이에 대해서는 안양대학교HK+ 동서교류문헌총서 07인 Ricoldo da Monte di Croce 지음, 조용석 번역 및 주해, 『리콜도의 사라센 논박 역주』(서울: 동문연, 2022)를 참조하라.

로서 간주되었으며, 결과적으로 프로테스탄트 종교개혁운동의 신학적 정당성을 제공할 수 있었다. 즉 이슬람 종교로 무장한 오스만 투르크의 유럽침공은 타락한 유럽 로마-가톨릭교회의 회개를 촉구하기 위한 결정적인 계기로서 이해했던 것이다. 루터는 이슬람과 그리스도교 세력 사이의 무력 분쟁을 촉구하기보다, 오히려 이것을 로마-가톨릭교회의 개혁을 위한 하나님의 채찍으로 이해했다.

이와 같은 루터의 오스만 투르크 및 이슬람 인식의 실제적 목표가 순수한 복음의 보존을 위한 프로테스탄트 종교개혁운동의 정당성 확보였다고 평가한다. 그는 오스만 투르크의 유럽침공에 직면한 신학적 인식을 시도하면서, 이를 그의 종교개혁운동의 활로를 모색하기 위한 계기로서 활용하였기 때문이다. 루터는 이상 소개했던 이슬람 인식의 관점을 견지하면서, 일반 대중의 이슬람 이해의 증진을 위하여 『리콜도의 사라센 논박』을 주석했다. 이슬람에 대한 호의적 수용이 아니라 이슬람에 대한 그리스도교 복음의 우월성을 강조하기 위하여 리콜도의 원문을 생략, 각색했다. 오스만 투르크의 유럽침공에 직면했던 당시 상황 속에서 이슬람에 대한 비판적 인식을 촉구했던 루터의 저술 의도가 다분히 반영되어 있다. 필자는 루터의 번역을 그리스도교 복음의 우월성을 증명하기 위한 적극적 변증의 번역이라고 정의하고 싶다.

『리콜도의 사라센 논박』이 중세시기 그리스도교-이슬람 문명교류사를 연구할 수 있는 유럽 그리스도교 문명권의 중요한 1차 문헌이라면, 『마르틴 루터의 꾸란 주석』은 종교개혁시기 1차 문헌으로서 중요한 연구사적 가치를 지니고 있으며, 이를 위한 문헌학적 연구의 토대를 제공할 수 있다. 동시에 두 문헌은 이슬람에 대한 가톨릭과 프로테스탄트의 비판적 인식을 위한 공동의 토대를 제공했다는 점에 있어서 중요한 역사적, 신학적 의미를 지니고 있다.

일러두기

1 바이마르 전집(Weimar Ausgabe) 제53권에 수록된 루터의 "Verlegung des Alcoran Bruder Richardi. Prediger Ordens"을 저본으로 하여 번역했다: "Verlegung des Alcoran Bruder Richardi. Prediger Ordens," *Kritische Gesamtausgabe (Weimarer Ausgabe) Band 53.* Weimar: Hermann Böhlaus Nachfolger, 1920, 273-388.

2 『마르틴 루터의 꾸란 주석』(*Verlegung des Alcoran*)은 라틴어로 쓰인 『리콜도의 사라센 논박』 (*Contra legem Sarracenorum*)을 중세 독일어로 번역한 책이다.

3 『리콜도의 사라센 논박 역주』와 『마르틴 루터의 꾸란 주석 역주』의 원문의 차이를 효과적으로 이해할 수 있도록, 본서의 중요한 대목마다 각주에 『리콜도의 사라센 논박 역주』의 라틴어 원문과 한글 번역을 기재했다.

제1부
———
작품 해제

마르틴 루터의 꾸란 주석에 대하여

　　셀주크 투르크(Seljuk Turks, 1037-1194) 제국이 해체된 이후 중앙아시아를 통치하게 되었던 오스만 투르크는 이슬람 종교와 문화를 보호하면서 적극적인 서진 정책을 통하여 영토확장을 시도했기 때문에, 불가피하게 서구 그리스도교 문명권과의 분쟁이 야기될 수밖에 없었다. 급기야 1453년 오스만 투르크 제국은 비잔틴 제국의 수도 콘스탄티노플을 점령하게 되었으며, 이후 신성로마제국과 오스만 투르크 제국 사이의 갈등은 점차적으로 격화되면서, 오스만 투르크 제국의 콘스탄티노플 점령 이후 투르크인과 이슬람에 대한 유럽인의 공포가 확산되었다. 1492년에 종결된 레콩키스타(Reconquista, 이베리아반도의 이슬람교도를 축출하기 위한 스페인 가톨릭 세력이 일으킨 전투) 운동은 당시 확산된 이슬람에 대한 유럽인의 공포와 결코 무관하지 않다. 이 시기에 등장한 오스만 투르크의 유럽침공 가능성에 대한 공포감이 확산되면서, 자연스럽게 그리스도교와는 이질적인 이슬람 종교에 대한 신학적 논쟁이 본격적으로 시작되었으며, 이는 전통적인 유럽인들의 이슬람에 대한 편견을 소유했던 루터를 비롯한 대부분의 종교개혁자들에게 간과할 수 없는 중요한 신학적 주제로 인식되었다. 그들은 이슬람의 창시자 무함마드의 교리를 그리스도교 교리의 왜곡된 형태로서 파악했다.

　　이와 같은 상황 속에서 역설적으로 오스만 투르크의 유럽 침공은 루터의 프로테스탄트 종교개혁운동의 성공을 위한 중요한 주변적 요인으로서 작용했다. 왜냐하면 당시 황제 카를 5세는 오스만 투르크의 침공에 대응하기 위하여 프로테스탄트 제후들의 지지와 협력이 절대적으로 필요하여, 프로테스탄트 세력에 대한 탄압을 잠정적으로 중단했기 때문이다. 그뿐만 아니라 오스만 투르크를 타락한 로마-가톨릭교회의 개혁을 위한 하나님의 채찍과 결정적인 종말론적 징조라고 해석했던 루터의 신학적 인식은 역설적으로 프로테스탄트 종교개혁운동의 역사적, 신학적 정당성이 확보될 수 있도록 기여했다.

　루터는 오스만 투르크를 교황제도를 유지하며 타락한 로마-가톨릭교회를 향한 하나님의 채찍이라고 이해했다. 루터는 1518년에 출판한 그의 『면죄부의 능력에 대한 테제 해설』(Resolutiones disputationum de indulgentiarum virtute)에서 오스만 투르크와의 전쟁은 투르크를 채찍으로 사용하시는 하나님께 대항하는 것이라고 주장했다. 이로 인하여 루터는 독일민족의 배신자 혹은 투르크인의 친구로서 비난받게 되었음에도 불구하고, 이후 루터는 기도와 회개만이 투르크의 군사적 위협으로부터 벗어나는 길이라고 확신했다. 이와 같은 루터의 오스만 투르크 인식은 반그리스도교 세력의 군사적 위협을 통한 하나님의 심판의 정당성을 인식해야 한다는 공감대를 형성시켰다. 더 나아가 결론적으로 로마-가톨릭교회의 개혁을 위하여 적극적으로 기여하지 못했던 그리스도인들의 미흡한 회개를 지적하면서, 오스만 투르크와의 영적인 투쟁으로서의 기도를 적극적으로 권면했다.

　1529년 오스만 투르크가 오스트리아의 비엔나를 침공하는 시기 전후에 루터는 "투르크 전쟁에 대하여"(Vom kriege widder die Türcken, 1528, *WA* 30)와 "투르크에 대한 군대 설교"(Heerpredigt wider die Türken, 1530, *WA* 30)를 출판했다. 이 문건들에서 루터는 당시 인쇄물을 통하여 광범위하게 확산된 동시대인들의 세기말적 공포감에 대해 공감하면서, 묵시적 종말론을 통하여 오스만 투르크에 대한 신학적 인식을 재정립한다. 물론 오스만 투르크의 침공을 하나님의 섭리로써 해석했던 기존의 입장을 견지하고 있다. 이와 관련하여 급격한 시대적 전환기로서 간주되었던 종교개혁시기가 루터를 비롯한 수많은 동시대인들에게 있어서 새 시대의 개막이 아니라, 세기말적 상황으로 인식되었다는 사실을 주목할 필요가 있다. 실제적으로 중세 봉건적인 사회구조가 근대 시대로 전환되는 중간기적 시기로서의 종교개혁시기에 대한 후대의 평가와는 달리 당시 시대적인 분위기는 세기말적 공포가 대규모로 확산되었던 시기였다. 신약성경의 묵시적 종말론과 전쟁의 엄습에 대한 공포감이 결합된 민간신앙이 당시 대중의 종교적 정서를 지배했다. 그에게 있어서 이슬람화된 오스만 투르크와의 전쟁은 오직 은총을 통한 그리스도의 구원 사역을 부정하는 이들에 대한 투쟁으로서, 묵시 문학적인 마지막 심판의 이미지로 각색되었다. 오스만 투르크의 유럽침공은 하나님의 최후의 심판을 예고하는 역사적 사건이라고 해석했다.

그럼에도 불구하고 교황에 대한 그의 비판은 결코 완화되지 않는다. 여기서 "투르크 전쟁에 대하여"와는 달리 "투르크에 대한 군대 설교"는 투르크보다 적그리스도로서의 교황에 대하여 좀 더 부정적으로 평가하고 있다는 사실을 주목할 필요가 있다. 그는 "투르크 전쟁에 대하여"에서 교황을 인류 역사의 마지막에 등장하는 적그리스도라고 묘사하면서, 투르크인들은 교황처럼 올바른 그리스도인들을 탄압하는 악한 행위를 하지 않는다고 역설적으로 변호한다. 그럼에도 불구하고 결론적으로 루터는 투르크 또한 적그리스도로서의 교황과 동일하게 악하다고 주장한다.

1529년 오스만 투르크의 비엔나 침공이 실패한 이후, 1530년 루터는 올바른 그리스도교 이해를 위한 이슬람에 대한 객관적인 이해를 시도하게 된다. 이는 이슬람 종교를 내세우며 유럽을 위협했던 오스만 투크르에 대한 선교적 목적이 아니라, 유럽 그리스도교 세계를 이슬람으로부터 보호하기 위한 일종의 변증적 의도를 내포하고 있었다. 그가 1530년 출판했던 "투르크인들의 종교와 도덕에 관한 소책자"(Libellusde ritu et moribus Turcorum)

의 서문은 이와 같은 그의 이슬람 이해의 기본적인 원칙을 제시하고 있다. 1475년부터 1481년 사이에 출판된 것으로 추정되는 이 소책자는 도미니크 회 수도사 게오르그(Georg)가 헝가리에서 20년간 이슬람의 포로로 잡혀 있는 동안 파악했던 터키인들의 도덕과 관습에 대해 소개한 책으로서, 여기서 루터는 이슬람의 교도들의 경건한 삶의 모습을 칭찬하면서도, 결과적으로 이슬람의 부정적인 측면의 인식은 그리스도교 복음의 진리를 파악할 수 있도록 기여할 수 있을 것이라고 확신했다. 또한 이 시기에 12세기 영국인 신학자, 천문학자, 아랍어 학자였던 케테넨시스(Robertus Ketenensis, 1110-1160)가 라틴어로 번역한 꾸란을 입수하게 되면서, 본격적으로 이슬람 교리를 비교적 객관적으로 연구하기 시작했다. 이후 루터는 1542년 테오도르 비블리안더(Theodor Bibliander)가 번역한 라틴어 꾸란 서문을 작성했다. 여기서 그는 꾸란을 읽게 된다면, 이슬람의 오류가 더 많이 드러나게 되며, 무함마드의 이름이 부정될 것이라고 확신했다. 루터에게 있어서 꾸란을 통하여 이슬람을 객관적으로 이해하고자 시도하는 작업이 이슬람교도들을 위한 그리스도교 변증의 필수적 전제였던 것이다.

더 나아가 루터는 1542년 『리콜도의 사라센 논박』을 중세 독일어로 주석하여, 이를 『마르틴 루터의 꾸란 주석』이라는 제목으로 출판하면서 서문을 직접 작성했다. 여기서 그는 이슬람의 교리를 정확하게 이해할 수 있도록 도움을 주기 위하여 리콜도의 책을 번역 및 주석했으며, 이는 그리스도교 신앙의 수호를 위한 것이라고 천명하고 있다. 그는 이슬람화된 오스만 투르크의 그리스도교로의 개종 가능성이 전무하다고 판단했다. 『마르틴 루터의 꾸란 주석』은 『리콜도의 사라센 논박』을 중세 독일어로 번역 및 주석한 책으로서, 종교개혁시기 유럽 그리스도교인들의 이슬람 비판적 인식을 파악할 수 있는 중요한 문헌이다. 루터는 『리콜도의 사라센 논박』의 번역 및 주석을 통하여, 그동안 축적된 이슬람 인식에 대하여 최종적으로 확신했던 것으로 추측된다. 그는 서문에서 다음과 같이 말한다.

> "이것이 내가 이 책을 독일어로 출판하는 것이 유익하고 필요하다고 생각하는 이유입니다. 우리 독일인들은 무함마드의 믿음이 얼마나 부끄러운가를 알게 될 것입니다. 이로 인하여 우리는 우리의 신앙을 뿌리내리게 됩니다. 무함마드는 하나님의 진노와 저주로 승리, 행운, 권력 그리고 세상의 명예를 얻었지만, 우리는 우리 주님의 십자가를 짊어지고, 이 땅에서가 아니라 내세에서의 구원받은 삶을 살아갑니다. 평범한 사람은 육신과 피에 따라 경솔하게 움직이며 십자가를 지지 않습니다. 그러나 꾸란에서 무함마드는 이생에서의 헛된 재산과 명예를 추구하는 것으로 보입니다."[1]

『마르틴 루터의 꾸란 주석』은 『리콜도의 사라센 논박』의 단순 번역이 아니라, 오스만 투르크의 유럽침공에 직면한 루터의 신학적 대응의 산물로서, 일종의 재창조된 번역 및 주석이다. 루터는 『리콜도의 사라센 논박』에 비해 그리스도교와 대비되는 이슬람 종교의 특성을 매우 선명하면서도 다소 자극적인 중세 독일어를 사용하며 각색하여 표현하고 있다. 예를 들자면, 리콜도는 '성경'을 '책'(libri)으로 표현하고 있는 반면에,[2] 루터는 '성경'

---

[1] "Darumb ichs fur nützlich und not angesehen, dieses Büchlin zuverdeudschen (weil man kein bessers hat), Das doch bey uns deudschen auch erkand werde, wie ein schendlicher Glaube des Mahmets Glaube ist, Da mit wir gesterckt werden in unserm Christlichen Glauben. Denn weil der Mahmet sieg, glück, gewalt und ehre der Welt bekomen durch Gottes zorn oder verhengnis, wir Christen aber das Creutz unsers Herrn tragen und nicht hie auff erden, sondern dort in jenem leben selig sein sollen, So ist der Gemeine man nach fleisch und blut leicht dahin bewegt, das kein Creutz, sondern eitel gut und ehre in diesem leben scheinet, dahin auch Mahmet seinen Alcoran richtet."

[2] Preterea in alchorano, in capitulo Elmeyde, quod interpretatur "mensa", dicítur quod «familia libri nichil omnino sunt nisi compleant legem et evangelium». Familia vero libri sunt saraceni, sicut ibidem ostendit; unde dicit: «nisi compleant legem et evangelium

(Biblia)이라고 직접적으로 표현한다. 루터는 이슬람의 본거지라고 할 수 있는 지명 바그다드(Bagdad)를 바빌론(Babylon)이라고 번역하며, 이슬람을 '적그리스도'(Antichrist)의 이미지로 상징화시킨다. 양 문서 각 장의 제목들을 비교해 본다면, 루터의 번역 의도가 파악될 수 있다. 리콜도의 라틴어 원문과 루터의 중세 독일어 번역이 다른 각 장의 제목들은 다음과 같다.

『리콜도의 사라센 논박』	『마르틴 루터의 꾸란 주석』
제5장 하나님의 율법과 부합하지 않은 꾸란 (quia non concordat in sententia cum aliquo alio)	제5장 꾸란은 성경뿐만 아니라 다른 합리적인 교리와 부합하지 않는다 (Das V. Capitel das der Alcoran weder mit der heiligen Schrifft noch ander vernünfftigen leren gleich stimmet.
제8장 비합리적인 법으로서의 사라센인들의 법 (Quod est lex irrationabilis)	제8장 어떻게 무함마드의 율법이 야비하며 이기적인가 (Das VIII. Cap. Wie der Alcoran Mahmet viehisch und selvisch ist.
제9장 공공연한 거짓으로서의 사라센인들의 법 (Quod lex sarracenorum continet falsitates apertas)	제9장 꾸란의 공개적이고 거친 거짓말에 대하여 (Das IX. Capit. Von öffentlichen, groben Lügen des Alcorans)

---

et quod revelatum est tibi». Illud autem quod revelatum est accipitur alchoranum, quod revelatum est solis saracenis, ut ipsi dícunt. Ergo ipsi tenentur habere legem Moysi et evangelium sicut et alcoranum, et etiam osservare. 더욱이 "식탁"으로 번역되는 꾸란의 엘메이드(Elmeyde) 장은 "책(성경)의 가족은 그들이 율법과 복음서를 성취하지 못하면 아무것도 아니다."라고 언급합니다. 꾸란이 바로 그곳에서 보여주듯이 사라센인들은 책(성경)의 가족입니다. 여기서 꾸란은 "율법과 복음과 그리고 너희에게 계시된 것을 완성하지 아니하면"이라고 언급합니다. 오직 사라센인들에게만 계시된 꾸란은 그들이 말하는 것처럼, 계시된 것을 받아들입니다. 따라서 그들은 꾸란처럼 모세의 율법을 가지고 있어야 합니다. 그러므로 그들도 꾸란처럼 모세의 율법과 복음서를 가지고 있어야 하며 지켜야 합니다. 『Contra legem Sarracenorum. 리콜도의 사라센 논박 역주』(안양대학교 신학연구소 HK+ 사업단 동서교류문헌총서 07), 58-59.

『리콜도의 사라센 논박』	『마르틴 루터의 꾸란 주석』
제10장 폭력과 죽음의 법으로서의 꾸란 (Quod alcoranum est lex violenta et lex mortis)	제10장 무함마드의 법은 살인적이고 강압적이며 분노적이다 (Das X Capit. das Mahmets Gesetz Moerdisch, Tyrannisch und wuetig ist.)
제14장 무함마드에 대한 우스운 환상 (Visio derisibilis quam narrant de Mohometto)	14장 이상하고 끔찍한 거짓말과 환상에 대하여 (Das XIIII. Capit. Von einer sonderlichen, schendlichen grossen Lügen und gesicht.)

    리콜도의 저서와 루터의 주석은 이후 가톨릭과 프로테스탄트가 공유하고 있는 이슬람에 대한 비판적 인식의 토대를 제공하였다. 루터는 이슬람 종교에 대한 전통적인 유럽인의 신학적 편견에도 불구하고 최대한 그리스도교를 합리적으로 변증하기 위하여, 그리스도교와의 비교를 통한 이슬람 종교에 대한 객관적인 이해를 시도하고 있다. 리콜도의 저서와 루터의 주석은 시대적 한계를 지니고 있으면서도 이후 그리스도교의 이슬람 인식을 위한 기본적인 논리적 토대를 제공했다는 점에 있어서 중요한 역사적-신학적 기여를 했다. 특히 『마르틴 루터의 꾸란 주석』을 통하여 표출된 비판적 이슬람 인식은 근현대 유럽 그리스도교 사회의 세속화와 동반하여 대두된 근대적 의미의 '종교적 관용'의 개념의 출현을 역설적으로 예비했던 종교개혁시기 신학적 담론으로서, 그리스도교-이슬람 관계사 연구를 위한 문헌적 연구의 토대를 제공할 수 있을 것이다.

제2부

마르틴 루터의 꾸란 주석 번역

Verlegung des Alcoran Bruder Richardi.

D. Mart. Luther

수도사 리콜도의 꾸란 주석

마르틴 루터 박사

Dis Buch Bruder Richards, prediger Ordens, Confutatio Alcoran genant, hab ich vormals mehr gelesen, Aber nicht gleuben können, das vernünfftige Menschen auff erden weren, die der Teufell solte bereden, solch schendlich ding zugleuben, Und jmer gedacht, es were ertichtet, wie sie mit jrem ewigen liegen dem Bapst zuehren alle jre Historien verdechtig gemacht haben. In des hette ich gerne den Alcoran selbs gesehen, Und wunderte mich, wie es zu gienge, das man den Alcoran nicht lengst hette in die Latinische sprache bracht, So doch der Mahmet nu lenger denn neun hundert jar regirt und so grossen schaden gethan hat, doch niemand sich drümb angenomen, zuerfaren, was Mahmets Glaube were, Sind allein damit zufrieden gewest, das Mahmet ein Feind Christlichs Glaubens were, Aber wo und wie von stück zu stück, ist nicht laut worden, Welchs doch von nöten ist zu wissen.

저는 설교자들의 수도회 리차드(Richard)[1] 수도사의 "꾸란 논박"(Confutatio

---

1 리콜도(Ricoldo da Monte di Croce, 1243-1320)

Alcoran)을 전에 많이 읽었습니다. 마귀가 그러한 부끄러운 일을 믿도록 설득하고자 하는 합리적인 사람들이 이 땅 위에 있다는 것을 믿을 수 없었습니다. 교황을 숭배하기 위하여, 영원한 거짓말로 모든 역사를 의심스럽게 꾸며왔던 것처럼, (꾸란을) 지어낸 것이라고 생각했습니다. 저는 꾸란 자체를 보고 싶었고, 오랫동안 꾸란이 라틴어로 번역되지 않았던 이유에 궁금했습니다. 무함마드는 900년 이상 지배했으며 큰 피해를 입혔습니다. 우리는 무함마드가 그리스도교 신앙의 적이라는 사실에 만족했을 뿐 무함마드의 신앙이 무엇인지에 대하여 어느 누구도 알지 못했습니다. 그러나 어디에서 어떻게 내용이 전개되는지 자세하게 알려지지 않았습니다. 그러나 이것에 대하여 알아야 하는 것은 시급한 일입니다.

Aber itzt diese Fastnacht hab ich den Alcoran gesehen Latinisch, doch seer ubel verdolmetscht, das ich noch wünschet einen klerern zusehen. So viel aber daraus gemarckt, das dieser Bruder Richard sein Buch nicht ertichtet, Sondern gleich mit stimmet. Und das kein falscher wohn hie sein kan, So ist Bruder Richard gewest wol fur zweyhundert jaren fast unter Keiser Alberto dem ersten, da Dominicus und Francisens Orden nicht alt gewest sind. Denn er redet und weis nichts von Türcken, welche allerert vor cc. Jaren haben angefangen zu regirn und dis neheste hundert jar (sint König Matthiasch zeiten) seer gewachsen sind, Das sie die Sarracenen, so bey neun hundert jaren regirt, auffgefressen, durch Zelim, dieses Türcken Vater, Anno M. D. xvij. Und nu Türckisch Reich heisst. Das rede ich darumb, das ich diesem bruder Richard gleuben mus, der so lange zuvor den Alcoran verlegt hat, so den selben weder zuvor noch bis daher bey uns niemand gesehen hat, und noch undeudlich sehen.

그러나 저는 참회의 화요일에 라틴어로 번역된 꾸란[2]을 보았습니다. 번역이 너무 좋지 않아서, 저는 더 분명하게 씌어진 책을 보고 싶었습니다. 저는 많은 것을 추론하게 되었습니다. 리차드 수도사는 그의 책을 날조한 것이 아니며, 꾸란과 일치하는 내용이 책에 실려 있습니다. 이 책에 거짓된 교리는 여기에 있을 수 없습니다. 리차드 수도사는 200년 전 도미니칸 수도회와 프란체스코 수도회가 설립된 지 얼마 되지 않았던 200년 전에 알베르트 황제 치하에 있었습니다. 그는 200년 전에 통치를 시작하고, 근대 마티아스 왕 시대까지 세력을 확장했던 터키인들을 알지 못했습니다. 그들은 900년 경 통치를 시작했던 사라센인들입니다. 1517년 터키인의 아버지라고 불리는 젤림(Zelim)을 통하여 정복되었습니다. 저는 오래 전에 꾸란을 주석한 리차드 수도사를 믿어야 된다고 말합니다. 이전에도, 지금도 우리 중에서 (리차드 수도사를 제외하고) 꾸란을 제대로 읽어 본 사람은 없습니다. 불분명하게 보았을 뿐입니다.

Darumb ichs fur nützlich und not angesehen, dieses Büchlin zuverdeudschen (weil man kein bessers hat), Das doch bey uns deudschen auch erkand werde, wie ein schendlicher Glaube des Mahmets Glaube ist, Da mit wir gestirckt werden in unserm Christlichen Glauben. Denn weil der Mahmet sieg, glück, gewalt und ehre der Welt bekomen durch Gottes zorn oder verhengnis, wir Christen aber das Creutz unsers Herrn tragen und nicht hie

---

2 케테넨시스(Robertus Ketenensis, 1110~1160)가 라틴어로 번역된 꾸란.

auff erden, sondern dort in jenem leben selig sein sollen, So ist der Gemeine man nach fleisch und blut leicht dahin bewegt, das kein Creutz, sondern eitel gut und ehre in diesem leben scheinet, dahin auch Mahmet seinen Alcoran richtet.

이것이 내가 이 책을 독일어로 출판하는 것이 유익하고 필요하다고 생각하는 이유입니다. 우리 독일인들은 무함마드의 믿음이 얼마나 부끄러운가를 알게 될 것입니다. 이로 인하여 우리는 우리의 신앙을 뿌리내리게 됩니다. 무함마드는 하나님의 진노와 저주로 승리, 행운, 권력 그리고 세상의 명예를 얻었지만, 우리는 우리 주님의 십자가를 짊어지고, 이 땅에서가 아니라 내세에서의 구원받은 삶을 살아갑니다. 평범한 사람은 육신과 피에 따라 경솔하게 움직이며 십자가를 지지 않습니다. 그러나 꾸란에서 무함마드는 이 생에서의 헛된 재산과 명예를 추구하는 것으로 보입니다.

Summa, wo wir nicht konnen die Sarracener und nu mehr die Türcken bekeren, doch das wir widerumb auch fest und starck bleiben in unserm Glauben, Und uns nicht bewegen lassen, das die Sarracenen und Türcken so viel hundert jar eitel sieg und glück wider die Christen, wir aber viel unglücks wider sie gehabt, bis sie der Welt Herrn worden, jmer obligen mit grossen ehren und gut, wir aber unterligen mit grossen schanden und schaden, Welchs doch nicht geschicht darumb, das des Mahmets glaube recht und unser Glaube unrecht sey, wie die blinden Türcken pochen, Sondern das ist Gottes weise, sein Volck zuregiren

전반적으로 우리는 사라센인과 현재 터키인들을 현재 회개시킬 수 없지만, 우리는 우리의 믿음 안에서 확고하고 강하게 머물러 있습니다. 사라센인들과 터키인들이 수백 년 동안 승리하고 운이 좋았다는 사실에 동요하지 마십시오. 우리는 그들로 인하여 많은 불행을 겪었습니다. 그들이 세상의 주인이 될 때까지 항상 명예와 선을 지켜야 하는 의무감으로 큰 수치와 피해에 굴복했습니다. 맹목적인 터키인들이 외치는 것처럼, 무함마드의 믿음이 옳고 우리의 믿음이 잘못된 것은 아닙니다. 이것은 하나님께서 그의 백성을 통치하시는 방식입니다.

Erstlich, das er sie umb jrer sünden willen strafft und unterdrücken lesst wie der lxxxix Psalm sagt, Und die Historien der Kinder Israel reichlich mit vielen Exempeln leren, Und S. Petrus j. Pet. Iiij. Prover. Xj: 'Es ist itzt solche zeit, das Gottes straffe oder Gericht an dem Hause Gottes anfahen mus. So aber zu erst an uns, was wils fur ein ende werden mit denen, so dem Euangelio Gottes nicht gleuben? Und so der Gerechte kaum (oder mit mühe) erhalten wird, wo wil der Gottlose und Sünder erscheinen?' Darumb, welche da leiden nach Gottes willen, die sollen jm jre Seelen befehlen als dem trewen Schepffer in guten wercken. Also Jere. Xxv: 'Sihe, in der Stad, die nach meinem Namen genennet ist, fahe ich an zuplagen, Und jr soltet ungestrafft bleiben? Jr solt nicht ungestrafft bleiben.'

첫째, 시편 89편에서 말하는 것처럼, 그(하나님)은 그들의 죄로 인하여 벌하십니다. 많은 예들로 이스라엘 자손들의 역사를 배우게 됩니다. 베드로전서 4장과 잠언 11장입니다.: 지금은 하나님의 집에서 하나님의 형벌 혹은 심판이 시작되어야 할 때입니다. 하나님의 복음을 믿지 않는 자들의 끝은 어떻게 될까요? 의인이 겨우 어렵게 존재하게 된다면, 불경건한 자들과 죄인들은 어디에 서게 될까요? 하나님의 뜻대로 고난받은 자들은 영혼들에게 신실한 창조주를 위하여 선한 일을 하도록 명해야 합니다. 예레미야 15장은 이렇게 선포합니다: '보라 내 이름을 따라 지은 성에서 내가 재앙을 내리기 시작하는데, 너희는 벌을 받지 않겠느냐? 너희는 벌받지 않을 것이다.'

Zum andern So mus Christus blut vergossen werden von anfang der Welt bis ans ende, auff das viel Merterer gen Himel komen, Sintemal nicht allein seiner Heiligen blut (welchs alles sein blut heist), Sondern auch sein eigen persönlich Blut hat müssen vergossen werden. Weh denen, die es vergiessen! Diese zwey stück hat er durch den Mahmet getrieben und treibet sie noch. Denn Mahmet hat die Christen grewlicher geplagt weder alle Tyrannen, Und die Christen haben solche straffe wol verdienet, da sie sich trenneten mit Ketzerey und Rotten viel newer lere, Und dazu ergerlich lebeten in undanckbarkeit und verachtung des theuren bluts Christi, damit sie erlöset sind und nicht büsseten. So macht auch der Mahmet viel Marterer als nie gemacht sind, das er so viel unschüldiger Kinder und sonst frome Christen grewlich erwürget.

다른 한편으로, 그리스도의 피는 세상의 시작부터 끝날까지 흘려져야, 수많은 사람들이 천국에 올 수 있습니다. 왜냐하면 그의 거룩한 피(그의 모든 피를 의미)뿐만 아니라 개인적인 피도 흘려져야 합니다. 이것을 망각한 자들에게 화가 있으리로다! 그리스도께서는 무함마드를 통하여 두 가지 일을 행하셨습니다. 무함마드는 모든 폭군들이 아니라, 그리스도인들을 지속적으로 괴롭혔습니다. 그리스도인들은 이단과 새로운 교리로 분열되었기 때문에, 그러한 벌을 받아도 충분했습니다. 그들은 그리스도의 피에 감사하며 살지 않았고 경멸했습니다. 그들은 구원을 받았지만, 회개를 하지 않았습니다. 무함마드는 그 어느 때보다 고문을 많이 가하여 무고한 아이들과 경건한 그리스도인들을 무참하게 목 졸라 죽였습니다.

Aber der grössesst zorn gehet uber jn selbs, das er von Gott so schrecklich verstossen ist, Nicht allein solche straffe und Blutvergissen anzurichten (welchs einem Christlichen hertzen noch nicht zu hoch ist zu leiden und zu uberwinden), Sondern auch so viel Leute mit sich an Leib und Seele durch seine lügen verfüret in das ewige verdamnis, wie der Bapst auch gethan und noch thut. Das sind die rechten letzten schrecklichen grewlichen ergerlichsten plagen, eim Christen schwerlich zu ertragen in seinem hertzen, Wie der lxxxix. Psalm schier wider Gott murret und spricht: 'HERR, wie lange wiltu dich so gar verbergen Und deinen grim wie fewer brennen lassen? Gedencke, wie kurtz mein leben ist. Wiltu denn alle Menschen umb sonst geschaffen haben?'

그러나 하나님께서 크게 진노하셨습니다. 그러한 벌을 받게 하시고 피를 흘리게 하셨을 뿐만 아니라(그리스도인의 마음은 아직 고난을 견디고 극복할 수 있기에는 그만큼 숭고하지는 않습니다.) 수많은 사람들이 몸과 영혼을 교황이 그렇게 했듯이 그의 거짓말에 유혹받아 영원한 저주에 빠지게 되었습니다. 이것은 그리스도인이 그의 마음 속에서 견디기 어려운 매우 끔찍하고 성가신 재앙입니다. 시편 89편은 하나님을 원망하며 이렇게 말합니다. '주여, 얼마나 오래 숨으셔서 당신의 진노가 불타오르게 하시겠습니까? 생각해 보십시오. 제 인생이 얼마나 짧은지. 모든 사람들을 이렇게 창조하시기를 원하셨던 것입니까?'

Also müssen wir die Türcken, Sarracenen mit jrem Mahmet lassen faren, als uber die der zorn Gottes bis ans ende komen ist (wie S. Paulus von den Jüden sagt), Und dencken, wie wir erhalten werden und bey Gottes gnaden bleiben mügen, damit wir nicht mit dem Mahmet verdampt werden noch uns lassen seine grosse gewalt, ehre, sieg, glück und gut angleissen und locken noch sein grewlich schwert uns abschrecken. Denn es bezeuget auch dieser Richard, das die Mahmetischen nicht zubekeren sind, Aus der ursache: Sie sind so hart verstockt, das sie fast alle unsers Glaubens Artickel spotten und hönisch verlachen, als werens Nerrische von unmüglichen dingen gewesche.

우리는 하나님의 진노가 끝까지 임한 무함마드와 함께 터키, 사라센인들을 그대로 두어야 합니다. (성 바울이 유대인들에게 말하는 것처럼) 그리고 그의 큰 힘, 명예, 승리, 행운, 재산에 유혹되지 않고, 그의 잔인한 칼에 단념하지 않기 위하여, 우리가 무함마드와 함께 저주받지 않고, 우리는 하나님의 은혜 안에서 어떻게 보존되고 남을 수 있는가에 대하여 생각해야 합니다. 리차드는 무함마드의 추종자들이 회개하지 않는다고 증언합니다. 이유는 다음과 같습니다.: 그들은 너무 완고하여 바보들이 불가능한 일에 대하여 들지 않는 것처럼, 우리의 신앙을 비웃고 조소합니다.

Und wo solt man sie auch können bekeren, so sie die gantze Heilige Schrifft, beide new und alt Testament, verwerffen, als nu mehr tod und untüchtig, Und gestehen niemand keiner rede noch disputation von der heiligen Schrifft, stopffen die ohren, augen und hertzen fest zu gegen das selige Buch der Heiligen schrifft, bleiben auff jrem Alcoran, Das heisst zorn uber allen zorn, Dafur uns behüte unser lieber Vater im Himel durch seinen lieben Son Jhesum Christ und seinen Heiligen Geist. Wir wollen lieber, ist auch besser, seinen zorn zeitlicher straffe und Blutvergissens leiden denn mit dem Teufel und seinem Apostel Mahmet und seinen Heiligen, den Türcken, die Heilige Schrifft verleugnen und ewiglich mit jrem sieg, glück, gewalt, ehre und gut in den ewigen zorn Gottes fallen. Der HErr ist mein helffer (spricht das schöne Confitemini), Und ich wil meine lust sehen an meinen Feinden. Der HErr ist mit mir, darümb furchte ich mich nicht, Was können mir Menschen thun? Amen.

그리고 전체 신약, 구약성경을 거부하고, 성경에 대하여 논의하지 않은 채, 축복받은 성경책에 대하여 귀, 눈, 마음을 닫고, 더 이상 쓸모없는 꾸란에 머물러 있다면, 어떻게 회개할 수 있겠습니까? 이것은 모든 분노 위에 분노를 의미합니다. 하늘에 계신 아버지께서 그의 사랑하는 예수 그리스도와 그의 성령을 통하여 우리를 보호하십니다. 우리는 마귀와 함께 하는 것보다 이 세상에서 분노의 벌을 받으며, 피 흘리며 견디는 것을 더 기꺼이 원합니다. 주님은 나를 도우시는 분이십니다. (아름다운 신뢰를 말합니다.) 나는 나의

적들에게서 환희를 봅니다. 주님이 나와 함께 계셔서 두렵지 않습니다. 사람들이 나에게 무슨 짓을 하겠습니까? 아멘.

Vorrede Bruder Richards.
수도사 리콜도의 서문

Zur zeit des Keiser Heraclij ist auffkomen ein Mensch, ja ein Teufel, und ein Erst gebornes Kind des Satans, wider die Wahrheit und wider die Christliche Kirche, der in fleischlicher Unzucht ersoffen und mit schwartzer Kunst umb gjeng, mit namen Mahmet. Der hat aus eingeben und hülffe des, der ein Lügener und ein vater aller Lügen ist, ein Gesetz lassen ausgehen, voller lügen und unrechts, doch mit dem schein, als were es aus dem munde Gottes gesprochen, dasselbe hat er genennet Alcoran, das ist ein Summa oder versamlung, nemlich der Göttlichen Gebot.

헤라크리우스 황제 시대 악마와 사탄의 맏아들이 무함마드라는 이름으로 육신의 음행에 빠져 음흉한 술책을 가지고 진리와 그리스도교 교회에 대항했습니다. 그는 거짓말쟁이며 모든 거짓말들의 아버지로서, 거짓말과 불의로 가득한 법을 공포하는 것을 도와주었습니다. 이것은 하나님의 입에서 나오는 것처럼 보였으며, 꾸란이라고 불렸습니다. 즉 이것은 하나님의 계명을 요약하거나 모아둔 것입니다.

Dieser Mahmet hat die Christlichen Kirchen verfolget, herter weder die, so zuvor gewest oder hernach komen werden. Denn er hat die Kirche nicht auff einerley Weise angriffen, Sondern mit allen dreyen, Nemlich mit Tyrannei, wie die Tyrannen, Mit falscher Lere, wie die Ketzer, Und mit betrug gleissender Heiligkeit, wie die Heuchler oder falschen Brüder. Also, das er das grössest Teil der Welt mit seinem betrug unter sich bracht hat, durch Gottes verhengen, der da wünderlich ist mit seim thun unter menschen Kindern.

이 무함마드는 그리스도교 교회를 박해했습니다. 그는 이전에 있었던 교회들을 박해하지 못했으며, 이후에 올 교회도 박해하지 못할 것입니다. 그는 한 가지 방법으로 공격한 것이 아니라, 세 가지 방법으로 공격했습니다. 폭군으로, 이단처럼 거짓된 교리로, 위선자 혹은 거짓 수도사처럼 기만적인 거룩함으로. 그는 하나님께서 맡기신 것이라고 하면서, 기만적으로 자신 아래 세상을 두었습니다. 사람들의 자녀들 사이에서 그의 행동은 매우 이상합니다.

Darumb ich, Richard, der geringt prediger Ordens, mich bedacht und meinen gang nach Gottes gebot gericht habe. Denn nachdem ich uber viel Meer und durch viel wüsten gereiset, bin ich auch gen Babylon, die herrliche stad der Sarracener, komen, da sie denn ire hohe Schulen haben, die seer gros sind, Daselbs lernet ich die arabische Schrifft und Sprache, Und disputirte on unterlas und auffs aller vleissigst mit jren Doctorn und Gelerten, Befand aber je mehr und mehr, wie gar ein schendlich Gesetz der genante Alcoran ist.

Fieng auch an dasselb in Latinische sprache zuverdolmetschen, Aber da funden sich so viel mehrlin, Lügen, Lesterung und jmer ein unnütz gewesch am andern, das ich mit grosser trawrigkeit uberschüttet ward.

그래서 설교자 수도회의 미천한 설교자인 리차드가 하나님의 계명에 따라 저의 품행을 판단한 것입니다. 제가 수많은 바다와 사막을 여행하여, 사라센인들의 영광의 도시인 바빌론에 이르렀습니다. 그곳에 매우 큰 규모의 학교가 있습니다. 저는 아랍어 문자와 언어를 배웠으며, 박사와 학자들과 함께 끊임없이 성실하게 논쟁했습니다. 논쟁을 하면 할수록 언급된 꾸란의 법이 무섭다는 것을 알게 되었습니다. 이것을 라틴어로 번역하기 시작했습니다. 거짓말, 하나님 모독, 무익한 것이 너무 많아서 큰 슬픔에 압도되었습니다.

Doch dis mal wil ich die furnemsten Heubtstück und liegen dieses schendlichen Gesetzes mit beistand des Allerhöhesten, der die Warheit selbs ists, erfur thun und anzeigen, damit ander Brüdern ursachen geben, dadurch sie deste leichtlicher solcher Ketzer, durch die Gesetz verfüret, möchten wider zu Gott bekeren.

그러나 이번에는 진리 그 자체이신 매우 숭고하신 분의 도움을 받아 이 비열한 법의 핵심 내용을 알려 드리고자 합니다. 이 법으로 다른 수도사들을 유혹하는 경솔한 이단자로부터 돌아서기 위한 이유를 알려 드리고자 합니다.

Das erst Capitel
von den Heubtstücken dieses Alcoran.
제1장
꾸란의 주요 부분들에 대하여

So ist zu mercken, das alle den unflat, so der Teufel durch andere Ketzer hin und wider gestrewet, den hat er durch Mahmet auff einen hauffen heraus gespeiet. Mit Sabellio helt ers, das Gott nicht drey personen sey, doch setzt er ein gezweiet in der Gottheit (das sich doch in der Gottheit nichts reimet). Das eine nennet er 'Gott selbs' oder 'Gottes Wesen'. Das ander nennet er Gottes Seele, und das sol Christus sein, eins andern und geringern wesens, als Gotte unterthan.

마귀가 다른 이단들을 통해 앞뒤로 퍼뜨린 모든 오물은 무함마드에게 모아졌다는 것을 알아야 합니다. 그는 사벨리우스[3]와 함께 하나님이 세 인격이 아니라, 이중적 신성을 가지고 있다고 주장합니다. (이것은 신성과 부합하지 않습니다.) 그(무함마드)는 하나를 '하나님 자신' 혹은 '하나님의 본성'이라고 부릅니다. 그는 다른 하나를 하나님의 영혼이라고 부르는데, 이는 그리스도,

---

[3] 사벨리우스(Sabelius): 삼위일체론을 부정하며, 하나님의 단일성을 강조했던 3세기 신학자이다. 그는 하나님의 동일한 한 인격이 성부, 성자, 성령의 모습으로 표현된다고 주장했다. 그의 이론은 양태론(Modalism)이라고 부른다.

하나님과는 다르며, 하나님보다는 서열이 낮은 존재로서 하나님께 종속됩니다.[4]

Darumb füret er Gott in dem Alcoran ein, das er in zweier personen namen redet und sich jrzet und spricht: Wir haben das gethan, wir haben das geboten etc.

그러므로 그는 꾸란에서 하나님을 소개합니다. 그는 두 인격으로 호칭하며, 이제 이렇게 말합니다.: 우리는 이것을 했고 명했습니다.

Und solchs hat er von den Arianern, die lereten, das Christus, Gottes son, der were eine Creatur oder Gottes geschepffe. Doch weit uber alle Creatur, als durch die Gott hette ander geschaffen. Also setzt auch Mahmet, das Christus sey der aller heiligst Mensch uber alle andere, und sey eine krafft, weit uber alles, Daher nennet er jn Gottes wort, Gottes geist, Gottes seele.

---

4 Et sciendum quod omnium antiquorum hereticorum feces, quas diabolus in aliis sparsim seminauerat, simul in Machometum revomuit. Ipse namque Machometus cum Sabellio negat trinitatem; ponit tamen in diuinis quendam binarium, qui est numerus infamis et alteritatis principium. Ponit enim ipsam diuinam essentiam et eius animam; unde Deum pluraliter loquentem introducit in alchorano. Et sic videtur ipsa anima et ipse Christus alterius essentie a Deo, et Deo minor et ei subiectus. 또한 알아야만 하는 것은, 마귀는 여기저기 뿌려놓은 모든 고대 이단자들의 배설물들을 무함마드 안으로 되돌려놓았다는 것입니다. 무함마드는 사벨리우스와 함께 삼위일체를 부인합니다: 그는 신성 안에서 이진수를 주장합니다. 이것은 수치스러운 숫자이며, (상호간) 배타성의 원리입니다. 그는 꾸란에서 하나님을 복수형으로 소개하면서, 하나님의 본질과 그의 영혼을 주장합니다. 그 영혼과 그리스도는 하나님보다 못하거나 하나님에게 종속된, 하나님과는 다른 본질로 보입니다. 『Contra legem Sarracenorum. 리콜도의 사라센 논박 역주』, 28-29.

그리고 그는 아리우스[5]주의자들로부터 하나님의 아들이신 그리스도가 하나님께서 하나님이 창조하신 피조물이라고 배웠습니다. 그리스도는 하나님께서 창조하신 다른 피조물들 이상의 존재입니다. 모든 피조물보다 훨씬 더 높으며, 그렇지 않으면 하나님이 창조하셨을 것입니다. 무함마드도 그리스도를 다른 모든 것보다 가장 거룩하신 분이시며, 만물보다 더 큰 능력을 가지신 분이라고 주장합니다. 따라서 그는 그리스도를 하나님의 말씀, 하나님의 영, 하나님의 혼이라고 불렀습니다.

Aber das er solt ein rechter, Natürlicher, wesentlicher Gott sein, das ist jm seer lecherlich. Und helt die Christen fur lecherlice grobe narren, die solchs gleuben.

그러나 하나님이 본성적으로 참된 신이라는 사실은 (무함마드에게 있어서) 매우 우스꽝스러운 일입니다. 그래서 그는 그것을 믿는 그리스도인들을 우스꽝스러운 바보들로 취급합니다.

Und hie braucht er zwo ursachen zu. Die erste, das sich Christus selbs niemals habe Gott genennet. Die andere, das er das widerspiel geleret habe, Da er spricht, Mahmet, (spöttisch): die Christen sagen: Christus ist Gott, So doch er selbs den Jüden sagt: Ir solt anbeten meinen Gott und ewern Gott, meinen Herrn und ewern Herrn.

---

5 아리우스(Arius, 260-327): 성부와 성자의 동등성을 부인하며, 성자를 최고의 피조물이라고 간주했다.

그리고 그는 여기서 두 가지 이유를 제시합니다. 첫 번째 이유는 그리스도는 결코 자신을 하나님이라고 부르지 않으셨다는 것입니다. 다른 이유는 그리스도께서 이와는 반대되는 것을 가르치셨다는 것입니다. 그가 말씀하신 것 때문에 무함마드는 조롱합니다.: 왜냐하면 그리스도인들은 그리스도께서 하나님이라고 말하기 때문입니다. 그리스도께서는 유대인들에게 말씀하십니다.: '너희들은 나의 하나님과 너희의 하나님, 나의 주님과 너희의 주님을 경배해야 한다.'

Und ist also des Mahmets furnemest meinung, das Christus weder Gott noch Gottes son sey, Sondern ein weiser Heiliger mensch und grosser Prophet, von einer Jungfrawen on Vater geborn. Denn er sagt, Es sey unmüglich, das Gott einen son habe, weil er keine frawen habe.

그러므로 그리스도는 하나님도 아니고 하나님의 아들도 아니며 지혜로운 성자와 위대한 선지자이며 한 아버지의 처녀에게서 태어났다는 것이 무함마드의 가장 솔직한 견해입니다. 그는 하나님이 부인이 없기 때문에 아들을 낳을 수 없다고 말합니다.

Und wo er solt einen Son haben, so stünde Himel und Erde und alle Creatur in grossser ferlickeit, Denn es müste zu letzt ein zwitracht unter sie komen.

그리고 그가 아들을 낳아야 하는 곳에서는 하늘과 땅, 그리고 모든 피조물이 멀리 떨어져 있을 것입니다. 왜냐하면 결국 그들 사이에 불화가 있을 것이기 때문입니다.

Weiter sagt er, Die Jüden haben Christum nicht gecreutziget noch getödtet, Sondern einen andern, der jm ehnlich gewest. Hierin stimmet er fast mit den Manicheern.

그는 계속해서 말합니다. 유대인들이 그리스도가 아니라 그와 닮은 다른 사람을 십자가에 매달려 죽였습니다. 이 점에 있어서 그는 마니교인들과 거의 일치합니다.

Weiter sagt er, Gott habe Christum zu sich genomen, Und er wird am ende der welt wider offenbart werden und den Endechrist tödten. Darnach wird Gott Christum sterben lassen.

그는 계속해서 말합니다. 하나님께서 그리스도를 자신에게 데려가셨고 그리스도가 세상 끝에 다시 나타나 적그리스도를 죽일 것이며, 그 후에 하나님께서는 그리스도를 죽게 내버려 두실 것입니다.

Weiter sagt er, Das auch die Teufel können selig werden durch den Alkoran, und derselben viel, da sie das gehöret, sind Sarracenen worden.

그는 계속해서 말합니다. 마귀들도 꾸란을 통해서 구원받을 수 있습니다. 이것을 들었던 수많은 사람들은 사라센인들이 되었습니다.

Weiter sagt er, Er selbs, Mahmet, sey hinauff zu Gott gefaren, da der Engel Gabriel nach jm von Gott gesand ward, da habe Gott die Hand auff jn gelegt, Und da er also von Gott angerüret ward, sey er so erstarret, das jm auch durch des Rückenbeins marck gangen sey.

그는 계속해서 말합니다. 무함마드 자신이 하나님께 올라갔습니다. 하나님께서 그를 따라 가브리엘을 보내셨으며, 그에게 손을 얹으셨습니다. 그가 하나님과 접촉했을 때, 그는 척수까지 마비되었습니다.

Weiter sagt er, Das der heilige Geist eine Creatur sey, wie die Macedoner sagten.

그는 계속해서 말합니다. 마니교도들이 말했던 것처럼, 성령은 피조물입니다.

Das er aber sagt, das die Engel sind Teufel worden, da sie nicht wolten Adam anbeten, wie jnen Gott gebotten hatte, Darin bat er niemand, dem er folge.

그는 계속해서 말합니다. 하나님께서 그들에게 명하셨던 것처럼, 그들이 아담을 경배하기를 원하지 않았기 때문에, 마귀가 되었습니다. 그는 어느 누구도 따르지 않습니다.

Da er aber gaukelt und narret von der künfftigen ewigen Seligkeit, das die solle sein in fleischlicher lust, wolleben, köstlichen kleidern und lustigen Garten, Das hat er vom Cherintho und etlichen andern ungleubigen.

그러나 그는 미래의 영원한 구원에 대해 조롱합니다. 그것은 육신의 정욕 안에서 값비싼 옷과 즐겁게 거닐 수 있는 정원을 원하는 것입니다. 그는 케르도니우스[6]와 다른 불신자들과 더불어 이 입장을 취하고 있습니다.

Und er helt, man müsse die Beschneitung halten, wie die Ebioniten lereten.

그리고 그는 에비온파[7]가 가르치는 대로, 할례를 해야 한다고 주장합니다.

Er lesst zu, viel Eheliche weieber zu haben, Dazu Beischlefferin und Megde, Und so viel einer derselben im kriege fangen und erneeren mag, Und der andern Ehefrawen im Kriege rauben und nemen.

그는 많은 아내, 동거녀 및 하녀를 가지는 것을 허용합니다. 그들 중 한 명을 전쟁에서 잡아서 보충하고, 전쟁에서 다른 사람의 아내를 빼앗고 가져올 수 있습니다.

---

6 케르도니우스(Cerdonius): 영지주의의 영향을 받아, 구약의 하나님을 악한 하나님으로, 신약의 하나님을 선한 하나님으로 이해했던 마르시온(Marcion)의 입장을 동일하게 주장했던 그리스도교 이단.

7 에비온파(Ebionites): 2세기부터 4세기까지 지중해 지방에서 성행했던 유대교적 그리스도교의 한 분파로서, 금욕주의적 성향이 강했다.

Er setzt aber, Man solle alle die tödten, so diesem Gesetz nicht gehorchen, oder sollen zinsbar sein.

그러나 그는 이 법을 지키지 않거나 이자를 받아야 하는 사람들을 모두 죽여야 한다고 말합니다.

Und sihet sich an, im Capitel Bacca (das ist Kue), als erleube er, beide Mannen und Weibern die stummen Sünden, Wiewol die Nachkömlinge solchs schmücken mit schönen glosen.

그리고 그것을 바카(Bacca, 암소) 장에서 보면, 비록 후손들이 아름답게 꾸미고 있지만, 남자와 여자 모두에게 벙어리가 되는 죄를 허락하는 것처럼 보입니다.[8]

Und das ist die Summa davon, Alles was in der Schrifft schwerlich zugleuben und sawer zuthun ist, das schneit er abe, und lesst zu, wo zu man geneiget ist in diesem zeitlichen leben, Als fleischliche Lust, Raub und Mord, Dazu sonderlich die wilden, rohen leute, die Araber, lust haben. Denn er ist ein Araber. Aber von den rechten Tugenden, Als Demut, Gedult, Keuscheit, Friede, und vom ewigen Leben redet er nichts, das zulesen werd were.

---

8 Videtur etiam concedere sodomiam, tam cum viro quam cum muliere, in capitulo de Vacca, licet ipsi talia pallient quibusdam honestis expositionibus. 그는 남성과 여성의 동성애를 인정하는 것으로 보입니다. 그들이 또한 바카(Vacca) 장에서 솔직한 설명을 통하여 그러한 것들을 변명하도록 허락했습니다. 『Contra legem Sarracenorum. 리콜도의 사라센 논박 역주』, 37.

그리고 그렇습니다. 그는 성경에서는 믿을 수 없고 행하기 어려운 모든 것을 삭제했습니다. 이것은 세상의 삶 속에서 육신의 정욕, 강도, 살인의 성향이 존재하는 곳에서 허락된 것입니다. 특히 정욕을 품은 거친 사람인 아랍인들을 향한 것입니다. 왜냐하면 그는 아랍인이기 때문입니다. 그러나 겸손, 인내, 순결, 화평, 영원한 생명과 같은 참된 미덕에 대해서는 읽을 수 있는 것이 없습니다.

Aber damit solche seiner lügen keine verlegt wird, durch das alt und newe Testament, oder durch der Philosophen Bücher, so von den Tugenden geschrieben, hat er geboten, Man solle hierin nichts fur warheit halten, was wider sein Gesetze were, Und heissen alle die jenigen hertiglich straffen, so da wider etwas reden thursten.

그러나 구약성경과 신약성경 혹은 덕에 관하여 쓴 철학자들의 책들을 통하여, 그의 거짓말이 틀리지 않도록 그의 법과 위배되는 것을 진리로 간주해서는 안 된다고 명령했습니다. 그리고 이와는 반대로 말하는 사람들을 처벌해야 한다고 했습니다.

Doch den Psalter und ander Propheten lobet er hoch. Spricht auch, Christus hab im Euangelio viel von jm geweissagt den Kindern Israel, da er spricht: 'Ich verkündige euch einen Apostel Gottes, der nach mir komen wird, der heisst Mahmet.' Und rühmet, das dieser name sey von ewigkeit geschrieben am Stuel Gottes, oben an, zu rechten hand.

그러나 그는 시편과 다른 선지서들을 칭찬하며 말합니다. 그리스도께서는 복음서에서 이스라엘 자손들에 대하여 많은 것을 예언하셨습니다.: '내 뒤에 올 무함마드라고 불리는 하나님의 사도를 너희들에게 선포하노라.' 그는 그 이름이 하나님의 보좌 오른편에 영원부터 기록되어 있다고 자랑합니다.

Solchs aber zu beweisen, das mans gleuben müsse, hat er kein Wunder je gethan, Sondern zoch ein schwert aus und sprach, Er sey von Gott gesand, nicht mit krefften der wunderwerck, Sondern mit krefften des schwerts oder woffen. Das sind die furnemesten heubtstück des Alcoran, das ist, der Sarracener Gesetz, Sonst sind daneben drinnen unzeliche lügen, der wir etliche am neunden Capitel wolle handeln.

이를 증명하기 위하여 그가 기적을 행하지 아니하고 오히려 칼을 뺐습니다. 그는 말했습니다. 하나님이 그를 기적의 능력이 아니라 칼의 능력으로 보내셨다고 말했습니다. 이것이 꾸란의 가장 중요한 부분, 즉 사라센 법입니다. 꾸란 안에 수많은 거짓말이 있는데, 9장에서 다루겠습니다.

Das II. Capitel
wie man mit jnen solle umbgehen.

제2장
어떻게 오류를 유지하는가

Zum andern ist zu wissen, Das sie seer nigern und kützel sind, etwas zu hören von unserm glauben, sonderlich von drey personen in der Gottheit und von der menscheit Christi. Nicht das sie es begeren zu wissen oder zu gleuben, Sondern das sie unsers glaubens spotten und jr gelechter draus machen. Denn was uber die vernunfft und menschlichen verstand ist, das können sie nicht verstehen, darumb wollen sie es auch nicht gleuben. So doch Isai. Vij. spricht: 'Werdet jr nicht gleuben, So werdet jr nicht verstehen,' Und weil es auch wider jren Alkoran ist (den sie festiglich fur Gottes wort halten), lassen sie jnen davon nichts sagen und achtens nicht.

다른 한편으로, 그들이 그리스도의 신성과 인성 안에 있는 세 위격에 대하여 듣고 믿는 것에 대하여 매우 궁금해하고, 인내심이 없다는 것을 알아야 합니다. 그들은 그것을 알거나 믿기를 원하는 것이 아니라, 우리의 신앙을 비웃고, 조소거리를 만듭니다. 그들은 인간의 이성과 이해력을 초월한 것을 이해할 수 없기 때문에 그것을 믿고 싶지 않습니다. 이사야 7장은 이렇게 말씀합니다. : '너희가 믿지 않으면 이해하지 못할 것이다.' 그것은 (그들이 하나님 말씀이라고 굳게 믿는) 꾸란에 위배되기 때문에, 아무 말도 못 하게 하고, 주목하지 않습니다.

Darumb mus man nicht zu erst mit jnen von unsers Glaubens hohen artickeln handeln, und die Perlen fur die Sew werffen, Sondern diesen weg und weise furnemen, Nemlich von jrem Alkoran handeln und vleis thun, das man solch jr Gesetz falsch und nichtig beweise. Denn nach dem der glaube uns solche ding leret, die nicht begreifflieh sind, lassen wir uns begnuegen, das er durch das Euangelium (welchs der Alkoran auch selbs lobet) und durch Wunderwerck bestettigt ist, Da sie doch jr Gesetz zubeweisen, weder Euangelium noch wunderwerck zu haben, Sondern halten, was die vernunfft begreifen kan, wie die Heiden.

그러므로 우리의 높은 수준의 신앙을 다루는 것이 아닙니다. 진주를 바다에 던지는 것이 아닙니다. 이 방식을 받아들여야 합니다. 즉 꾸란에 대해 다루면서 그 율법이 잘못된 것이며, 무익하다는 것을 증명해야 합니다. 이해할 수 없는 신앙과 그러한 일을 가르친 후에 복음서와 기적을 통하여 증명된 것에 만족해야 합니다. 그들에게는 복음서와 기적이 없으며, 그들은 이교도들처럼 이성적으로 이해할 수 있는 것을 지키고 있습니다.

Und ob wol der Alkoran sagt: 'Jr solt nicht drey Goetter nennen, Ursach: Es ist ein Gott', das ist nicht wider uns und beweise nichts. Denn wir sagen selbs, ja die Heiden auch, das allein ein Gott sey, dazu also einig und unzerteilich, das nichts einigers sein koenne.

Auch geben wir jm nicht einen gesellen, wie sie thun, der Gottes seele, Gottes geist, Gotteswort heisse, als der sein knecht sey, Das man billich sie fragen moecht, Warumb der Alkoran Gott reden macht als viele oder wir, so sie doch seer pochen, Er sey einig, und nicht viel oder wir.

그리고 꾸란은 '세 분 하나님의 이름을 부르지 말라, 이유: 하나님은 한 분이시다'라고 말합니다. 그것은 우리와 반대되지 않으며, 아무것도 증명하지 못합니다. 우리 자신과 이교도들도 하나님은 한 분이시며 쪼개질 수 없으며, 결코 몇몇이 될 수 없다고 말하고 있기 때문입니다. 우리는 하나님에게 그의 종속된 존재로서의 하나님의 영혼, 영, 말씀이라고 부르지 않습니다. 그들에게 정당하게 묻고 싶습니다. 왜 꾸란은 하나님을 많은 분 혹은 우리라고 말합니까? 그러나 그들은 그는 한 분이시며 많은 분 혹은 우리가 아니라고 주장합니다.

Aber weil die Sarracenen leugnen, beide wunder umd der Apostel schrifft, wo sie wider den Alkoran sind, Jst keines andem weges mit jnen zu handeln, denn darauff, das der Alkoran sey nicht Gottes gesetz, Welchs man auch durch den Alkoran thun kan, umd also den Goliath mit seinem eigen schwert schlagen.

그러나 사라센인들은 꾸란과 반대되는 사도들의 기적과 성경을 부인하기 때문에, 꾸란이 하나님의 율법이 아니라는 것을 확인하는 것 외에는 그들을 처리할 다른 방법이 없습니다. 그것을 꾸란을 통하여 할 수 있으며, 이것은 골리앗을 그의 칼로 죽이는 것입니다.

Das III. Capit.

Das der Alcoran nicht sey Gottes gesetz,
weil weder alt noch new Testament davon zeugen noch weissagen.

제3장

꾸란은 구약성경과 신약성경이 그것에 대하여 증거하거나 예언하지 않기 때문에 하나님의 율법이 아니다

Von Mahmet ist kein zeugnis, weder im alten noch newen Testament, Sondern er selbs und allein zeuget von sich selbs, on wunderzeichen og on schrifft, darumb kan er von Gott nicht sein, und leuget, da er sich rühmet, Er sey der gantzen Welt Prophet.

구약성경과 신약성경에는 무함마드에 대한 증언이 없습니다. 그는 자신, 기적, 성경에 대하여 증언합니다. 따라서 그는 하나님으로부터 나올 수가 없습니다. 그는 교만하기 때문에 거짓말을 하는 세상의 예언자입니다.

Aber hierauff antwortet er also, Es sey von jm geweissagt, beide im alten und newen Testament, Aber die Jüden haben das alte Testament, die Christen das newe Testament gefelscht, Er aber habe das beste heraus genomen, und ist nichts mehr im alten und newen Testament warhafftigs blieben, on was er in den Alcoran gesamlet und aus erlesen hat. Sonst hatte Christus im Euangelio verkündigt den kindern Israel: 'Ich verkündige euch einen Apostel, der nach mir komen wird, der heisst Mahmet.'

그는 이것에 대하여 대답합니다. 구약성경과 신약성경에서 그에 대하여 예언되었습니다. 그러나 유대인들은 구약성경을, 그리스도인들은 신약성경을 위조하였습니다. 그러나 그는 그 중에서 가장 좋은 것을 취하였습니다. 더 이상 구약과 신약성경에는 진리가 남아 있지 않습니다. 그는 꾸란에 진리를 수집하여 선택했습니다. 그렇게 하지 않았으면 그리스도께서 복음서에서 이스라엘 자손들에게 이렇게 선포하셨을 것입니다. : '나는 너희에게 내 뒤에 올 무함마드라고 부르는 한 사도를 선포하노라.'

Das solchs nicht war sey, beweise ich also, denn er selbs im Capitel von Jona sagt also: Wo jr zweivelt an dem, das Wir euch itzt offenbaren, so fraget die drümb, die ehe denn jr das Buch (die Biblia) gelesen haben etc. Das sind aber die Jüden und Christen. Sind nu die Bücher der Biblia verfelscht, warumb weiset er seine Sarracener zu falschen Büchern, ist er ein Prophet der warheit? Und hewet sich hie selbs in die Backen.

그러므로 나는 이것이 사실이 아니라고 증명합니다. 그가 요나(Jona) 장에서 직접 말하기 때문입니다. 만일 우리가 지금 여러분에게 알려드리는 것을 의심한다면, 책(성경)을 읽은 사람들에게 물어보십시오. 그들은 유대인과 그리스도인들입니다. 이제 성경의 책들이 거짓이라면 그가 사라센인들을 거짓된 책으로 인도하는 이유는 무엇입니까? 그는 진리의 예언자입니까? 그는 자신의 거짓말로 인하여 벌을 받게 됩니다.

So spricht er auch im Capitel Elagar, das heisst Stein: Wir (Gott) haben hinab gesand Monitiones, vermanunge. Die wollen wir auch erhalten. Vermanung aber heissen bey jnen das Euangelium und gesetz Mose. So mus nu Gott das Euangelium und Mose gesetze, beide vor und nach Mahmet erhalten, Wie schilt er sie denn verfelscht wider Gottes erhaltung, der heilige Prophet?

그래서 그는 또한 돌을 의미하는 엘라가르(Elagar) 장에서 말합니다.: 우리(하나님)는 훈계했습니다. 우리도 그것을 지키고 싶습니다. 훈계는 복음서와 모세의 율법을 의미합니다. 하나님은 무함마드 이전과 이후에 복음서와 모세율법을 보존하셔야 합니다. 어떻게 거룩한 선지자가 하나님께서 보존하시는 것에 반대하여 그것들을 위조하겠습니까?[9]

Item im Kapitel Elmaida, das heisst Tisch, stehet also, da der Richter zu Empacene zum Mahmet sprach: 'Wie suchen sie bey dir Recht? Haben sie doch das alte Testament, da Gottes gerechtigkeit inne stehet'. Nu sage, wie leugestu denn, das die Jüden das alte

---

9　Non erant igitur viciati libri iudeorum et chrístianorum tempore Machometi. Nec possunt dicere quod postea fuerínt viciati. Nam dicitur in capitulo Elhagar, quod interpretatur lapis: «Nos, inquam, in persona Dei descendere fecimus recordationem Dei, et nos eandem custodiemus». Lex Moysi et evangelium apud eos dicuntur "recordatio". Igitur Deus semper apud suos fideles testimonium sue scripture conservavit ante Machometum, et conservabit postea. 그러므로 무함마드 시대에 유대인들과 그리스도교인들의 책들(성경)은 훼손되지 않았습니다. 또한 이후에 그것들이 훼손되었다고 말할 수 없습니다. "돌"이라고 번역된 엘하가르(Elhagar) 장에서 이렇게 언급합니다. «나는 우리가 하나님의 인격 안에서 하나님의 기억을 보존하여, 똑같이 지킬 것입니다.» 그들이 가지고 있는 모세의 율법과 복음서를 "기억"이라고 부릅니다. 따라서 하나님은 항상 무함마드 이전의 그의 성경의 증거를 보존하셨고, 이후에도 보존하실 것입니다. 『Contra legem Sarracenorum. 리콜도의 사라센 논박 역주』, 50-51.

Testament gefelscht haben? Oder weisestu sie zum falschen Buch, du heiliger warhafftiger Prophet?

식탁을 뜻하는 엘마이다(Elmaida) 장에서 재판관 엠파케네(Empacene)는 무함마드에게 말합니다. : '그들이 어떻게 당신에게서 정의를 구합니까? 구약성경에 하나님의 의가 있습니다.' 이제 말해보십시오. 어떻게 유대인들이 구약성경을 위조했다고 거짓말을 합니까? 아니면 당신은 그들에게 위조된 책을 가리키고 있는 것입니까? 당신은 거룩하고 참된 예언자입니까?

Auch ist Nerrisch geredt, das die Biblia solt gefelscht sein, Nach dem sich der selben alle Ketzer in der welt wider die Christen gebraucht haben, Und lecherlich were, wo die Ketzer eine andere Biblia wolten füren weder der Christen ist, Denn da hetten sie wol gewust, das jre newe Biblia nichts gegolten hette wider die alten Biblia der Christen, Widerumb der Christen wider jre Biblia, weil es zweierley Biblia weren, Nu aber ists zuthun, Umb eine einige Biblia, wer die habe oder nicht.

어리석게도 성경은 위조되었으며, 그 후에 세상의 모든 이단자들은 그리스도인들에 반대하여, 그것을 사용했습니다. 이단자들이 그리스도인들의 성경과는 다른 성경을 원했던 곳에서는 우스웠습니다. 새 성경은 그리스도인들의 옛 성경[10]과 반대되지 않습니다. 왜냐하면 성경은 두 가지이기 때문입니다. 이제 그것을 해야 합니다. 그것을 가지고 있던지, 아니던지 성경은

---

10 구약성경과 신약성경을 의미함.

하나의 성경입니다.[11]

Weiter, gegen Morgen waren viel Secten ehe denn Mahmet geborn ist, Sonderlich die Nestorianer und Jacobiten. Die Nestorianer aber mehr mit den Sarracenen stimmen weder die Jacobiten. Darumb sie Mahmet gebeut fur allen andern in ehren zuhalten. Aber wie ists auch der vernunfft nach gleublich, das die Nestorianer und Jacobiten mit einander eins worden seien, die einander so feind waren, das sie sich auch unternander erwürgeten.

더욱이, 동양에서 무함마드가 태어나기 전에 그리스도인들은 많은 종파로 분열되어 있었는데, 특히 야콥파 교도들과 네스토리우스 교도들이 있었습니다. 네스토리우스 교도들은 사라센인들과 연합하여 야콥파 교도들과 대립했습니다. 그들은 모든 사람들에게 무함마드를 존경할 것을 명령했습니다. 어떻게 서로 원수가 되어 목을 조르던 네스토리우스 교도들과 야콥파 교도들이 연합하여 순리에 따라 믿을 수 있겠습니까?[12]

---

11 구약성경과 신약성경은 하나입니다.

12 Preterea christiani ante adventum Machometi fuerunt divisi in diuersissimas sectas, et precipue orientales in iacobinos et nestorinos. Nestorini autem maxime conveniunt cum saracenis, et Machometus mandauit eos singulariter honorari. Et quomodo conveissent nestorini cum iacobinis ad viciandum evangelium, qui tanto odio dividuntur quod ad invicem occiduntur? Et tamen legi et inveni apud utrosque evangelium omnino idem, sicut et apud nos. 더욱이, 무함마드가 도착하기 전에 그리스도교인들은 두 개의 종파, 즉 야콥파 교도들과 네스토리우스 교도들로서, 동양인들이었습니다. 그러나 네스토리우스 교도들은 사라센인들과 더불어 무함마드가 특별하게 존경받아야 한다고 명령했습니다. 어떻게 네스토리우스 교도들은 복음에 대항하기 위해 야콥파 교도들과 연합하게 된 것입니까? 그들은 증오로 분열되어 서로 죽인 것입니까? 그러나 나는 우리도 가지고 있는 것처럼, 양편에서 전적으로 동일한 복음서를 읽었고 또 갖고 있었습니다. 『Contra legem Sarracenorum. 리콜도의 사라센 논박 역주』, 52.

Item, warumb solten die Christen den namen Mahmet aus dem Euangelio zuvor getilget haben, der doch Christum und seine mutter, auch das Euangelium lobet. Denn so spricht er im Alcoran: 'im Euangelio Christi ist de warheit und volkomenheit.' Viel mehr hetten sie mögen austilgen die namen: Pilati, Herodis, Jude, Caiphe etc.

마찬가지로 왜 그리스도인들은 복음서에서 무함마드의 이름을 지워야만 했습니까? 그는 그리스도, 그의 어머니, 그리고 복음서를 칭찬했습니다. 그는 꾸란에서 다음과 같이 말합니다. : 그리스도의 복음서에는 진리와 완전함이 있습니다. 오히려 그들은 빌라도(Pilati), 헤롯(Herodis), 유다(Jude), 가야바(Caiphe) 이름을 삭제했을 것입니다.

Item wie reimet sichs, das die Christen solten in das Euangelium geflickt haben, wie Christus gecreutzigt und gestorben sey (als Mahmet leuget), So es den Christen gar viel besser were gewest, und der welt leichtlicher zu gleuben, das sie Christum nicht gecreutzigt noch gestorben hetten gepredigt (wie der Mahmet thut), Sonderlich weil es nerrisch und aller vernunfft unmüglich zu gleuben, das der solt sterben, der ein rechter Gott ist.

어떻게 그리스도가 십자가에 못 박히고 죽으셨던 것과 (무함마드가 거짓말한 것처럼), 그리스도인이 복음서에서 언급하는 것은 서로 일치합니까? 그래서 그리스도인들과 세상은 그들이 그리스도를 십자가에 못 박고 죽이지 않았다고 믿는 것이 더 수월할 것입니다. (무함마드가 한 것처럼) 특히 참된 하나님이 죽어야 한다고 믿는 것은 어리석고 모든 이성에 어긋나며 불가능하기 때문입니다.

Noch hat solchs alles angenommen die gantze welt, Keiser, Könige, gelerten, da zu von armen, ungelerten Leyen, wie die Apostel und jre Jünger waren. Also ist auch ein Sarracenischer Caliphas oder Soltan als ein Christen gestorben zu Babylon, Und ist an seinem hals ein Creutz funden, damit er bezeuget hat, das er, ob er gleich der Sarracener Soltan gewest, dennoch als ein Christen hat wollen sterben, Darumb ist er auch besonders begraben, nicht an den ort, da man die andern pflegt zu begraben, Und das grab hab ich selbs gesehen.

온 세상과 황제, 왕들, 학자들, 가난하며 배우지 못한 사람들도 사도들과 제자들이 그렇게 했던 것처럼 이 모든 것을 받아 들였습니다. 사라센 칼리프와 술탄은 그리스도인으로서 바빌론에서 죽었으며, 그의 목에서 십자가가 발견되었습니다. 이것은 그가 동일하게 사라센 술탄이었지만, 그럼에도 불구하고 그리스도인으로서 죽기를 원했다는 것은 증명하기 위한 것이었습니다. 특히 다른 사람들이 묻히기를 원하는 곳이 아닌 곳에 매장되었습니다. 저는 그 무덤을 직접 보았습니다.

Item in Capitel Elmaida (Tisch) stehet also: Es ist nichts mit der geselschafft des Buchs, wo sie nicht halten das Euangelium und Gesetz. Geselschafft des Buchs heissen die Sarracenen, die den Alkoran angenomen haben. So müssen sie nu halten das

Euangelium und Gesetz Mose, neben dem Alcoran, der jr eigen gesetz ist (wie sie sagen) oder ist nichts mit jnen. Wie sollen sie denn nu verfelschte Bücher halten, nach Gottes und jres Mahmets geboten? Oder gebeut Gott und jr Prophet zu gleich Warheit und Lügen ehren?

엘마이다(Elmaida, 식탁) 장에서 다음과 같이 말합니다.: 복음서와 율법을 지키지 않는 곳에서 책(성경)의 가족은 무의미합니다. 꾸란을 받아들인 사라센인들은 책(성경)의 가족이라고 불리고 있습니다. 그렇다면, 그들은 꾸란 이외에 (그들이 말하는 것처럼) 그들의 법이거나 혹은 그들과 무관한 복음서와 모세의 율법을 지켜야 합니다. 어떻게 그들은 하나님과 무함마드의 계명에 따라 거짓된 책을 가지고 있는 것입니까? 혹은 하나님과 선지자가 진리와 거짓을 똑같이 존중하라고 명하는 것입니까?[13]

Zu letzt sind sie schüldig, uns zu zeigen, wo doch sie eine unverfelschte Bibel funden haben, weil sie alle falsch sein sollen. Sie müssen die falschen mit einer warhafftigen uberzeugen oder

---

13 Preterea in alchorano, in capitulo Elmeyde, quod interpretatur "mensa", dicítur quod «familia libri nichil omnino sunt nisi compleant legem et evangelium». Familia vero libri sunt saraceni, sicut ibidem ostendit; unde dicit: «nisi compleant legem et evangelium et quod revelatum est tibi». Illud autem quod revelatum est accipitur alchoranum, quod revelatum est solis saracenis, ut ipsi dícunt. Ergo ipsi tenentur habere legem Moysi et evangelium sicut et alcoranum, et etiam osservare. 더욱이 "식탁"으로 번역되는 꾸란의 엘메이드(Elmeyde) 장은 "책(성경)의 가족은 그들이 율법과 복음서를 성취하지 못하면 아무 것도 아니다."라고 언급합니다. 꾸란이 바로 그 곳에서 보여주듯이 사라센인들은 책(성경)의 가족입니다. 여기서 꾸란은 "율법과 복음과 그리고 너희에게 계시된 것을 완성하지 아니하면"이라고 언급합니다. 오직 사라센인들에게만 계시된 꾸란은 그들이 말하는 것처럼, 계시된 것을 받아들입니다. 따라서 그들은 꾸란처럼 모세의 율법을 가지고 있어야 합니다. 그러므로 그들도 꾸란처럼 모세의 율법과 복음서를 가지고 있어야 하며 지켜야 합니다. 『Contra legem Sarracenorum. 리콜도의 사라센 논박 역주』, 58.

müssen lügener sein, Und schüldig mit uns die Biblia, so in aller welt gleich ist, zu halten, oder jren Alcoran durch sein selbs urteil verdamnen als ein Lügen buch.

그들은 마지막으로 참된 성경을 발견했던 곳이 어디인지 우리에게 보여주어야 합니다. 왜냐하면 그들 모두는 틀렸기 때문입니다. 그들은 진짜로 엉뚱한 사람들을 설득하거나, 혹은 거짓말쟁이가 되어야 합니다. 우리는 온 세상에서 성경은 동일하다는 사실을 견지해야만 하며, 거짓된 책인 꾸란을 정죄해야 합니다.

Cap. IIII

**Das Alcoran nicht konne Gottes gesetz sein,
denn er ein ander weise hat mit reden.**

제4장

꾸란은 말하는 방식이 다르기 때문에 하나님의 율법이 아니다

Der Alcoran helt nicht die weise zu reden wie andere heilige Schrifft, Denn er ist durch aus auff Reim weise oder Poetisch gestellet, wie man die Lieder zu singen macht. Sondern auch wider aller Philosophen, Rechte und andere lere Bücher, on wo die gesenge sind. Denn es schickt sich nicht, wenn einer predigen, leren oder fur gericht reden solt, das er daher keme mit reimen gefasst, als wolt er ein Lied singen oder Lotterbübisch spielen, Wie wol solchs die Sarracenen und Araber hoch rühmen, als sey das ein zeichen, das jr Gesetz von Gott dem Mahmet offenbart, und deste herrlicher sey, So das widerspiel war ist.

꾸란은 성경과는 다른 문체를 가지고 있습니다. 모든 철학책, 법전과 교리서와 달리 노래가 있는 곳에 리듬과 운율이 있습니다. 누군가 설교하고 가르치며, 법정 연설을 할 때, 노래를 부르거나 엉뚱한 소리를 내는 것처럼, 리듬에 맞추는 것은 합당하지 않습니다. 사라센인들과 아랍인들이 그것을 하나님이 무함마드에게 계시하신 영광스러운 법의 표시라고 자랑하는 것은 모순입니다.

Denn nie kein Prophet, Rechtlerer oder Philosophus hat Poetisch oder reim weise geredt, wo er hat leren sollen und dem gemeinen volck predigen. Daher auch etliche dem Mahmet fur worffen, wie im Capitel Elempij stehet, und sprachen: Wie geschicht dir? Treumet dir? Oder wiltu tantzen? Oder bistu töricht?

왜냐하면 어떤 선지자, 법률가, 철학자도 그가 백성들에게 가르치고 설교해야 하는 곳에서 시적으로 운율을 가지고 말하지 않기 때문입니다. 따라서 일부는 엘렘피(Elempij) 장에 기록된 것처럼 비난하며 말했습니다. : 당신은 어떻습니까? 신뢰합니까? 춤을 추고 싶습니까? 혹은 바보입니까?

Weiter ist der Alcoran vol eigens unnützes lobens. Denn er thar wol ein ganz Capitel daher, nichts uberal leren, Sondern allein in Gottes Person reden, das Gott sey gros, hoch, weise, gut, gerecht, und sey alles fein, was im Himel, auff Erden und im Mittel ist, der sey gelobet. Und das sol er wol mehr denn hundert mal thun und drauff folgen: 'Es ist kein Gott denn Gott', und 'gleubet Gott und seinem Apostel' (meinet sich selbs damit), Und vergisst hierin, wie ein Wansinniger, das er solchs selbs redet von Gotte.

더욱이 꾸란은 무가치한 칭찬으로 가득 차 있습니다. 그는 전체 장에 쓰고자 했지만, 어떤 것도 가르치지 않았습니다. 그러나 하나님의 인격에 대해 언급했습니다. 하나님은 위대하시고 숭고하시며 지혜로우시고 선하고 의로우십니다. 그리고 하늘과 땅, 그 사이에 있는 것들이 모두 좋다고 찬양받습니다. 그리고 이것은 백 번 이상 언급한 이후에 '하나님 이외에 신은 없다' 그리고 '하나님과 사도를 믿으라'라고 말합니다. 이후 미치광이처럼 그가 하나님에 대하여 언급한 것을 잊어버립니다.

Denn es ist Gottes weise nicht zu reden also, in seiner eigen person: Wisset das Gott gros ist etc., Sondern die Propheten und andere reden von Gott also, Gott aber von sich selbs also redet: Ich bin dein Gott, ich habe alles gemacht, Mein ist alles, Ich bin gnedig etc. Nicht also auff Alcoranisch: Gott ist dein Gott, als redet er von einem andern, das er nicht were.

하나님은 자신의 인격으로 이렇게 말씀하시지 않는 것이 지혜로우신 것입니다. 하나님이 위대하시다는 것을 아시기 바랍니다. 선지자들과 다른 사람들은 하나님에 대하여 말하지만, 하나님께서는 스스로 말씀하십니다.: 나는 하나님이며 만물을 창조했고 모든 것이 내 것이며 은혜롭다. 꾸란은 그렇지 않습니다.: 하나님은 당신의 하나님입니다. 마치 하나님께서 하나님이 아닌 다른 분에게 말씀하는 것 같습니다.

Zum dritten braucht der Alcoran unverschempter, grober, unzüchtiger wort, wenn er von dem fleischlichen werck redet, wie die Huren und Buben im hurhause oder sonst grobe unverschampte leute thun. Aber der heilige Geist gar züchtig in der Schrifft davon redet. Als: Adam erkandte sein weib Heva. Item: David gieng hinein zu Beth-Saba. Item: Elisabeth ward schwanger, etc.

셋째, 꾸란은 육신의 일에 대하여 언급할 때, 꾸란은 사창가의 창녀들과 소년들 혹은 조잡하고 음란한 사람들이 하는 것처럼, 부끄러움 없이 거칠고 음란한 말을 사용합니다. 그러나 성령은 성경에서 이것에 대하여 정숙하게 말씀하십니다.: 아담이 그의 아내 헤바를 알아보았다. 다윗은 밧세바에게 들어갔다. 엘리자베스가 임신했다 등

Denn auch die Rechte und Philosophi, als öffentliche redener, züchtig und schamhafftig davon reden. Aber Mahmet war so tieff in der unzucht ersoffen, das er öffentlich gern von solcher elenden notturft oder böser sündlicher lust schendlich redet und reden leret. Wie die thun, so seines gleichen in unsettlicher Brunst des fleischen stecken.

법률가와 철학자조차도 공적으로 말할 때, 정숙하고 겸손하게 말합니다. 그러나 무함마드는 음란에 깊이 빠져서 비참한 곤궁이나 사악한 죄악의 욕정에 대하여 공개적으로 말하는 것을 좋아하고 이것을 배웁니다. 그는 이와 같이 끝없는 육신의 욕정에 빠져 있습니다.

Zum vierden, So ist allen, die es lesen, offenbar und gewis, das der Alcoran voller fabeln und unnützer mehrlin ist. Im Capitel Emele, das heisst Fliege, stehet also, Das Salomo versamlete ein gros Heer der Engel, der Menschen und unvernüfftigen thiere. Da sie hin zogen, funden sie wie einen grossen wasser Strom eitel Fliegen.

Hebt euch jr Fliegen in ewer Wonung, das euch Salomo und sein Heer nicht verderbe. Aber die Fliegen lechelten des.

넷째, 꾸란이 우화로 가득 차 있고 더 쓸모가 없다는 것은 그것을 읽는 모든 사람에게 분명하고 확실합니다. 파리를 의미하는 에멜레(Emele) 장에서 솔로몬이 천사와 사람과 비이성적인 동물로 구성된 큰 군대를 모았다고 기록되어 있습니다. 그들이 가다가 큰 강과 같은 파리를 발견했습니다. 당신들의 거주지에서 나오십시오. 솔로몬과 그의 군대가 당신을 위해 노략하지 않을 것입니다. 그러나 파리는 그것에 미소를 지었습니다.

Bald hernach waren alle Vogel da im Heer, on die Fliegen waren nicht da. Und Salomon sprach: 'Wie gehets zu, das ich keine Fliege sehe? Ich wil sie straffen und den kopff abhawen, oder sol mir ursachen sagen, warumb sie nicht da ist'. Da sprach die Fliege: Ich habe mehr gelernt denn jr, Ich kome jtzt aus Sabea zu euch, mit warhafftiger New zeitung. Da fand ich ein Weib, das uber sie herrscht, die hab ich gezwungen sampt jrem volck, die Sonne anzubeten, an Gottes stat.

얼마 지나지 않아 새들은 모두 군대에 있었지만, 그곳에 파리는 없었습니다. 그리고 솔로몬은 '어떻게 내가 파리를 보지 못합니까? 내가 그들에게 벌을 주거나, 머리를 조여주고 싶습니다. 혹은 그들이 없는 이유를 말해주고 싶습니다'라고 말했다. 파리가 말했습니다. 나는 당신보다 더 많이 배웠습니다. 이제 진실된 소식을 가지고 사베아(Sabea)에서 당신에게 왔습니다. 그곳에서 나는 그들을 다스리는 한 여자를 만나 그녀와 모든 백성에게 하나님의 이름으로 태양을 숭배하게 했습니다.

Item im Capitel Caramar, das heisst Mond, Luna, stehet also: Es kam die stunde, und der Mond ward zubrochen. Dieses legen jre gelerten aus also. Mahmet stund ein mal mit seiner Geselschafft, und sahen dem Mond zu, wie er schier wolte new werden. Da sprachen sie zu jm: 'Lieber, las uns doch ein zeichen sehen.' Da wincket er dem Mond mit zween fingern, dem daumen und mittel finger. Da er das thet, teilet sich der Mond in zwey stück, und ein teil fiel auff den Berg Elices, der bey der stad Mecha ligt, auff einer seiten, Und das ander teil fiel auff den andern Berg Rubus, der zu andern seiten der stad ligt. Da nu der Mond also zerteilet war, kroch er in Mahmets Rock und er macht jn wider gantz.

달을 의미하는 카라마(Caramar) 장에서 언급합니다.: 시간이 왔고 달이 부서졌습니다. 이 사람들은 이렇게 해석합니다. 무함마드는 그의 일행과 함께 한 번 서서 달이 거의 새로워지기를 원할 때 그것을 지켜보았다. 그런 다음 그들은 그에게 '친애하는 이여, 표지를 보여 주십시오.'라고 말했습니다. 그런 다음 그는 두 손가락, 즉 엄지와 중지로 달을 향해 손을 흔듭니다. 그가 그렇게 하신 후로 달이 두 조각으로 갈라져 이편은 메카에 있는 엘리세스(Elices) 산에 떨어졌고 다른 일부는 저편에 있는 루부스(Rubus) 산에 떨어졌습니다. 이제 달은 그렇게 갈라져 무함마드의 망토 속으로 스며들었고, 그는 그것을 다시 온전하게 만들었습니다.

Item im Capitel Seni sagt er, wie ein wurm den Teuffeln Salomons tod verkündigt habe. Das selb glosiren sie also: Salomon lehnet sich auff seinen Stab, da kam jn plötzlich ein solcher grosser schmertzen an, das jm flugs die Seele ausgieng. Doch fiel er nicht umb, durch Gottes wunder werck. Die Teuffel aber, so jm unterworffen sein musten, das sie sahen, das er stund, meineten sie, er schlieffe. Da wuchs ein wurm aus der Erden, der naget den stab entzwei, also fiel Salomo umb. Und die Teuffel lieffen frölich zu und sahen, das er tod were, Daher fiengen sie an den Menschen schaden zuthun aus allen krefften.

그는 세니(Seni) 장에서 말합니다. 벌레가 악마에게 솔로몬의 죽음을 어떻게 알렸는지 말합니다. 그들은 같은 말을 합니다.: 솔로몬은 지팡이에 기대고 있었는데 갑자기 너무 큰 고통을 느껴서 순식간에 영혼이 떠나갔습니다. 그러나 그는 하나님의 기적에 의해 넘어지지 않았습니다. 그러나 그가 서 있는 것을 보고 그에게 복종해야 했던 마귀들은 그가 잠들었다고 생각했습니다. 그 때에 벌레가 땅에서 자라서 지팡이를 부러뜨려서 솔로몬이 쓰러졌습니다. 그리고 마귀들은 기쁜 마음으로 달려가 그가 죽은 것을 보고 전 세계 사람들에게 해를 끼치기 시작했습니다.

Item im Capitel von Erzelen setzt er selbs, Mahmet, die ursachen, warumb der wein verboten sey, und spricht: Gott sandte zween Engel auff Erden, das sie solten wol regieren und recht richten, Einer hies Aroth, der ander Maroth. Da kam eine fromme fraw, die lud sie zu gast und gab jnen wein zu trincken, So doch Gott verboten hatte, sie solten nicht wein trincken.

무함마드는 에르체렌(Erzelen) 장에서 포도주가 왜 금지되었는가에 대한 이유를 설명하고 다음과 같이 말합니다.: 하나님께서 두 명의 천사를 땅에 보내셔서 의롭게 통치하게 하셨습니다. 한 명은 아롯(Aroth)이며 다른 한 명은 마롯(Maroth)입니다. 그러자 경건한 여자가 그들을 손님으로 초대하고 그들에게 포도주를 마시게 했습니다. 그래서 하나님께서는 그들이 포도주를 마시지 못하게 하셨습니다.

Da sie nu truncken waren, begerte sie bey jr zu schlaffen, Darein bewilligt sie, doch mit dem bedinge, das der eine sie leret in den Himel faren, der ander, das sie wider herab faren künde. Also fure sie gen Himel. Da aber Gott sie sahe und höret sagen, das sie solche sache hatte, macht er aus jr einen Morgen stern, das sie unter den sternen im Himel so schon solt sein, wie sie auff Erden unter den Weibern die schönest gewest war. Den Engeln aber gab er die Wahl, ob sie hie oder dort wolten gestraffet sein. Und da sie weleten lieber hie die straffe zu leiden, lies er sie bey den füssen mit einer eisern ketten hencken in den Born zu Babylon, bis an den Jüngsten tag.

그들은 술에 취해 그녀와의 잠자리를 원했고, 그녀는 조건에 동의했습니다. 한 사람들에게 그녀에게 하늘로 올라가는 것을 가르쳤고, 다른 한 사람은 내려가는 것을 가르쳤습니다. 그리고 그녀는 하늘로 올라갔습니다. 그러나 하나님께서 그녀를 보시고, 그녀에게 있었던 일을 들으시고, 그녀를 하늘의 별들 중에서 아름다운 샛별로 만드셨습니다. 그 샛별은 땅 위에서 가장 아름다운 여성과 같았습니다. 그는 천사들에게 여기 혹은 그곳에서 벌을 받을 것인지 선택권을 주었습니다. 그들은 이곳에서 형벌을 받기를 원하여, 그들이 마지막 날까지 바빌론 구덩이에서 쇠사슬에 매어 있게 하셨습니다.

Solchs und der gleichen viel stehet in dem Alcora, daraus ja alle vernünfftige Leute greifen mügen, das solch gesetz nicht Göttlich sein kan, Denn auch die Natur leret, wenn schon kein Biblia were, das der rechte Gott nicht durch solche fabeln mit Menschen reden würde.

모든 합리적인 사람들이 이해할 수 있는 꾸란에는 하나님의 율법이 될 수 없는 그러한 많은 것이 있습니다. 성경이 아니더라도 참된 하나님께서는 사람들에게 그러한 우화로 말씀하시지 않기 때문입니다.

Das V. Capitel

das der Alcoran weder mit der heiligen Schrifft noch ander vernünfftigen leren gleich stimmet.

제5장

꾸란은 성경뿐만 아니라
다른 합리적인 교리와 부합하지 않는다

Offenbar ists, das der Alcoran von tugenden, oder guten wercken, und von des Menschen seligkeit auch mit den Philosophis nicht uber einstimmet, schweige denn mit der Heiligen schrifft. Denn die Philosophi reden doch viel von allerley tugenden, und das des Menschen seligkeit stehe in beschauligkeit, nicht in fleischlichen lüsten. Christus aber klerlich sagt, Joh xvii: 'Das ist das ewige Leben, das sie dich den einigen waren Gott, und den du gesand hast, Jhesum Christ, erkennen'. Und Moses Exo.xxxiii, da er viel wunder werck Gottes gesehen und voller gaben war, dennoch begerte er hertzlich Gottes angesicht zuschawen.

꾸란은 미덕이나 선행, 인간의 행복에 대하여 철학자들과 일치하지 않는다는 것은 분명합니다. 하물며 성경과도 부합하지 않습니다. 철학자들은 모든 미덕에 대해 많은 것을 말하고 인간의 구원은 육신의 정욕이 아니라 관조에 있기 때문입니다. 그러나 그리스도께서는 요한복음 17장에서 '영원한 생명은 한 분 하나님과 하나님께서 보내신 자 예수 그리스도를 아는 것'이라고 말씀하십니다. 모세의 출애굽기 33장에서 모세는 하나님의 기적을 많이 목격했고, 은사가 충만했지만, 간절하게 하나님의 얼굴을 보고 싶었습니다.

Aber Mahmet handelt schier gar nichts von tugenden, Sondern von Kriegen und Rauben, den weiten weg zur Hellen, Und wird sie nichts helffen zur seligkeit (wie sie meinen), wenn sie diese wort sprechen: Es ist kein Gott denn Gott, und Mahmet ist Gottes Apostel. So setzt er auch die seligkeit des Menschen in fleischlicher lust, in essen, trincken, schönen Kleidern, Lustigen garten, Hübschen reinlichen frawen, davon hernach im vj. Capitel.

그러나 무함마드는 전혀 덕이 아니라 전쟁과 강도, 지옥으로 가는 길을 다루고 있습니다. 그리고 그들이 다음과 같은 말을 한다면 구원에 아무 도움이 되지 않을 것입니다. 하나님의 사도입니다. 그래서 그는 또한 6장에서 남성의 구원이 육신의 정욕에 있다고 주장합니다. 먹고 마시는 것, 아름다운 옷, 즐거운 정원, 아름답고 순결한 여성들.

Und niemand kan sagen, das er solchs als in gleichnissen rede, die etwas anders geistliches bedeuten solten, wie im Euangelio wol auch gleichnisse stehen, Wie Christus sagt, das die seinen sollen mit jm essen und trincken auff seinem tissche, in seines vaters Reich. Aber das Euangelium deutet selbs solch gleichnisse, das Essen heisse nicht den Bauch füllen, oder das schöne Weiber da sein sollen, Wie jederman wol weis. Aber der Alcoran redet solchs on alle gleichnisse und deutets auch nirgend anders, denn das es sey eine seligkeit wie ein unzücktiger fleischlicher mensch begert.

그리스도께서 아버지의 나라에서 먹고 마시는 것을 말씀하셨던 복음서의 비유처럼, 어느 누구도 다른 영적인 것을 의미하는 그러한 것들을 비유로 말할 수 없습니다. 그러나 복음서는 음식으로 배를 채우라는 비유를 의미한 것이 아니며, 아름다운 여인이 있어야 한다는 것을 의미한 것도 아닙니다. 그러나 꾸란은 모든 비유들을 말하면서, 해석하지 않습니다. 이것은 음란한 육신의 욕망같은 구원이기 때문입니다.

Doch wie wol der Mahmet nicht gedacht noch geredt hat von der rechten ewigen seligkeit, So hat er doch seinen Sarracenen ein sonderlichs zuvor gesagt (on zweivel aus verhengnis Gottes). Denn so spricht Mahmet zu den Sarracenen: Nach mir werdet jr in drey und siebenzig teil zertrennet werden, Unter welchen allein ein teil selig wird, die andern werden mit fewer vertilget werden. Dieser spruch gilt so viel bey inen, das jnen weder die weisen noch unweisen geringe halten.

그러나 어떻게 무함마드가 진정한 영원한 구원에 대해 생각하지도 말하지도 않았겠습니까? 그는 사라센인들에게 특별하게 한 가지를 말했습니다. (하나님의 두 가지 뜻) 무함마드가 사라센인들에게 말합니다.: 나 이후에 너희는 73개로 나누어질 것이며, 그중 일부는 구원받을 것이고 다른 일부는 멸망될 것이다. 이 말은 그들 사이에서 매우 높게 평가되어, 지혜로운 자나 어리석은 자나 그것을 하찮은 것으로 여기지 않습니다.

So ist auch noch ein ander spruch im Alcoran, im Capitel Martil, das heisst Maria, der sagt, das alle Sarracenen in die Helle faren müssen. Den spruch halt ich fur warheit, ob er gleich aus den munde des obersten Lügeners gesprochen.

이것에 대한 또 다른 의견은 이것은 "마리아"로 번역되는 꾸란의 마리엠 (Mariem) 장에 있습니다. 모든 사라센인들이 지옥에 갈 것이라는 것입니다. 나는 이 의견이 거짓말쟁이의 입으로 언급된 것이지만 참되다고 믿습니다.[14]

Zum andern stimmet der Alcoran mit Mose nicht in den gebotten. Denn Gottes gebot verbeut Mord, Raub und alle fleischliche Lust. Aber der Alcoran heisst solchs alles, oder lessts ja nach, wie im

---

14 Alia vero sententia de hoc habetur in alchorano in capitulo Mariem, quod interpretatur "Maria", quod omnes saraceni ibunt ad infernum. Hanc sententiam credo esse uerissimam, licet ab ore mendacissimi fuerit prolata. Et in hoc concordauit propheta mendax cum veritate prima, que dixit quod «lata est via que ducit ad interitum et multi sunt qui uadunt per eam». Et manifeste constat ex predictis quod lex saracenorum est lata, et multi sunt saraceni qui uadunt per eam et quod ipsi uadunt ad infernum. Non iam ex ore veritatis tantummodo sed etiam ex ore prophete ipsorum patet. 이것에 대한 또 다른 의견은 이것은 "마리아"로 번역되는 꾸란의 마리엠 (Mariem) 장에 있습니다. 모든 사라센인들이 지옥에 가리라는 것입니다. 나는 이 의견이 비록 매우 거짓된 입으로 언급된 것이지만 가장 참되다고 믿습니다. 그리고 이 안에서 거짓 선지자는 첫째 진리와 조화를 이루며 "파멸로 인도하는 길은 넓고 그 길로 들어가는 자가 많다"고 말했습니다. 그리고 사라센인들의 율법이 넓으며, 많은 사라센인들이 그 길로 나아가서 스스로 지옥에 간다는 것은 앞에서 언급한 것으로부터 매우 분명합니다. 이것은 진리의 입에서 나온 것이 아니라, 그들의 선지자들의 입에서 분명하게 나온 것입니다. 『Contra legem Sarracenorum. 리콜도의 사라센 논박 역주』, 74.

Capitel Elmir, das heisst Liecht, Verbeut er wol, das man die Weiber nicht zwingen sol, keuscheit zu verlassen. Wenn sie aber drein bewilligen, müge man sicher bey jnen schlaffen. Und im Capitel Elminum lesst ers zu, beyde bey eigen Weibern, und wie viel man der im Kriege fangen kan, schlaffen etc.

다른 한 편으로, 꾸란은 모세의 계명과 부합하지 않습니다. 하나님의 율법은 살인, 강도, 그리고 모든 육신의 정욕을 금지하고 있습니다. 그러나 꾸란은 빛을 의미하는 엘미르(Elmir) 장에서 여성이 순결을 잃지 않도록 하는 것을 금지합니다. 그러나 그들이 그것에 동의한다면 확실히 그들과 함께 동침할 수 있습니다. 그리고 엘미눔(Elminum) 장에서 전쟁 포로가 된 여성들을 자신의 소유로 만들어서 동침할 수 있다는 것을 허락합니다.

Das VI. Capitel
Wie der Alcoran wider sich selbs ist.
제6장
어떻게 꾸란은 스스로 모순되는가

Mahmet spricht selber im Capitel Elnasa das heist Frawen, wenn der Alcoran nicht von Gott were, so würde sich viel widerwertiges drinnen finden. Und an vielen örten spricht er: Gott furet niemand jrre. Widerumb bittet er an vielen orten, das Gott jn vom finsternis zum liecht füre.

무함마드 자신은 여성을 의미하는 엘나사(Elnasa) 장에서 꾸란이 하나님으로부터 온 것이 아니라면, 그 안에 역겨운 것이 많이 있을 것이라고 말합니다. 그는 여러 곳에서 말합니다.: 하나님은 잘못 인도하시지 않습니다. 그는 여러 곳에서 하나님께서 그들을 어둠에서 빛으로 인도해 주시기를 기원합니다.[15]

---

15 Sexto considerandum est quod lex alchorani non solum dissidet a lege Dei sed etiam non convenit sibi ipsi. Et hec est sentencia et consideratio Machometi; dicit enim in capitulo Elnesa, quod interpretatur "mulieres": «Si iste alchoranus non esset a Deo, utique invenirentur in eo contrarietates multe». Constat autem quod multe contrarietates in eo et contradictiones inveniuntur. 여섯째, 꾸란의 법은 하나님의 법과 상반될 뿐만 아니라 일치하지도 않는다는 점에 유의해야 합니다. 그리고 이것은 무함마드의 의견이자 고려 사항입니다. 그는 "여성"으로 해석되는 엘네사(Elnesa) 장에서 말합니다. "만약 꾸란이 하나님으로부터 온 것이 아니라면, 특히 그 안에서 수많은 상반된 것들이 발견되었을 것입니다." 이제 그에게서 많은 상반된 것들과 모순들이 발견되는 것이 확실합니다. 『Contra

Item er spricht, Er sey ein verirreter Waise. Widerumb spricht er, Gott habe ein solchen Propheten aus jm gemacht. Denn da jn Gott zu sich rieff, fuhr er hinauff zu Gott in den siebenten Himel, und er warb vergebung fur einen Engel, der tausendmal grösser war, weder die welt ist, Denselben fand er da, seine sünde beweinen.

그는 방랑하는 고아였습니다. 다시 그는 말합니다, 하나님이 그를 그러한 선지자로 만드셨으며, 하나님이 부르셔서, 그가 하나님께 일곱 번째 하늘에 올라갔습니다, 세상보다 천 배나 더 큰 천사로부터 용서를 받았으며, 하나님께서 그의 죄로 인하여 슬퍼하시는 것을 발견했다고 말합니다.

Er spricht, Er sey der gemein Prophet aller welt. Und widerumb spricht er, Das Gott den Alcoran allein in Arabischer sprache gegeben habe, und er künde auch kein andere sprache, denn die Arabische.

그는 자신이 일반적인 선지자라고 말합니다. 하나님께서 꾸란을 오직 아랍어로 주셨으며, 아랍어 이외의 다른 언어로 말씀하시지 않았습니다.

Er spricht im Capitel Inpacara, das heisst eine junge kue, das beide, Jüden, Christen und Sabei, selig werden. Aber hernach im Capitel Abraham spricht er, Das niemand selig werde, on die, so nach dem Gesetz der Sarracener leben.

---

legem Sarracenorum. 『리콜도의 사라센 논박 역주』, 78.

그는 또한 어린 '암소'를 의미하는 인파카라(Inpacara) 장에서 유대인들, 그리스도교인들, 그리고 사라센인들 모두 구원받을 것이라고 말합니다. 그리고 아브라함(Abraham) 장에서 사라센인들의 법에 따라 살지 않는 사람은 어느 누구도 구원받지 못할 것이라고 말합니다.

Item er gebeut den selben, Sie sollen nicht scharff und hart, sondern sanfft mit Leuten einer andern secten handeln. Denn es sey nicht eins Menschen, sondern Gottes allein, zu recht füren. Und ein jglicher müsse fur sich selbs, nicht fur einen andern rechenschafft geben. Widerumb an seer vielen örten gebeut er zu tödten und zu berauben, die nicht gleuben, bis das sie gleuben oder tribut geben. Doch widerumb im Capitel Comem spricht: Die so einen andern Gott, denn Gott annemen, der soltu nicht hüeten noch fur sie sorgen, Denn Gott hat jm selbs solchs vorbehalten. Ist das nicht weidlich widernander, So offt gebieten, zu tödten die ungleubigen, Widerumb so offt gebieten, Man solle keine Sünde straffen, Sondern Gott allein straffen lassen.

그가 다른 종파 사람들을 날카롭고 거칠게 대하지 말라고 명령합니다. 그것은 사람이 아니라 오직 하나님께 속한 것이기 때문에 올바르게 인도해야 합니다. 각자는 다른 사람이 아니라 자신에게 설명해야만 합니다. 다시 여러 곳에서 그는 믿지 않고 세금을 납부하지 않는 사람들을 죽이고 약탈하라고 명령합니다. 그는 코멘(Comen) 장에서 언급합니다. : 하나님이 아니라 다른 신을 받아들이는 사람들을 보호하거나 돌보아 주지 마십시오. 왜냐하면 하

하나님께서는 그 사람들을 위하여 그러한 것[16]을 준비하셨기 때문입니다. 사람이 아니라 하나님만이 죄를 벌하신다고 말하면서, 불신자들을 죽이라고 명령하는 것은 상반되는 것 아닙니까?

Also im Capitel Elteminim rhümet er sich, Er sey nicht der einer, die zum glauben zwingen. Wie ist solchs war? Oder wo ist ein grösser zwang, denn durch den Raub und tod zwingen?

또한 그는 엘테미님(Elteminim) 장 마지막에서 신앙을 강요하는 사람이 아니라고 말합니다. 이것은 어떻습니까? 강도와 살인을 통하여 강요하는 것 이상의 강압이 어디 있습니까?

Im Capitel Bouis, das ist Ochse, lests er zu, Es sey nicht wider die Natur, sich mit Knaben und Weibern vermengen. Denn er spricht zu den Sarracenen, Sie sollen sich nicht beflecken mit den ungleubigen, ehe denn sie gleubig werden. Und von den frawen spricht er Ewer Weiber sind ewer Acker, pflüget sie, wie jr wolt. Widerumb spricht er im selben Capitel, Das die Sodomiten zur zeit Lots eine grewliche sünde gethan haben, welcher die vorigen Heiden ungewonet waren.

그는 황소를 의미하는 부이스(Bouis) 장에서 남자와 여자가 섞이는 것은 자연을 거스르는 것이 아니라고 읽습니다. 그는 사라센인들에게 말합니다. 그들이 믿을 때까지 불신자들과 함께 자신을 더럽히지 마십시오. 그리고 그

---

16 죽음

는 여성에 대하여 말합니다.: 모든 여성은 모든 밭입니다. 원하는 대로 쟁기질하십시오. 그는 같은 장에서 다시 말합니다. 롯 시대의 동성애자들은 고대 이교도들이 알지 못하는 사이에 큰 죄를 지었습니다.[17]

Item, Von Abraham, Isaac, Jacob und jren nachkomen spricht er, sie sind Sarracenen gewest. Widerumb spricht er, Es sey jm von Gott offenbart, das er der erst Sarracen sey in diesem glauben. Ist er der erst Sarracen, wie sind jene Sarracenen gewest? So der Alcoram lange nach Mose und dem Euangelio geben ist. Denn Mahmet hat angefangen bey fünffhundert und acht und neuntzig jaren nach Christi geburt. Und hat bis daher gewehret in das siebend hundert jar. Wil er aber sagen, sie sind darumb Sarracenen gewest, das sie, als Propheten, gewust haben, was der Alcoran sein würde, So sind sie auch allerley Ketzer und alles gewest, das sie als künfftig gewust haben. Wollen sie sagen, Der Alcoran hab jnen gefallen, das ist unmüglich, Denn sie gar viel, so im Alcoran gestellet ist, anders und da wider geleret und gethan haben.

---

17 Item in capitulo de Vacca concedit sodomiam tam cum masculo quam cum femina. Dicit enim saracenis quod «non polluant se cum infidelibus nisi credant»; et de mulieribus dicit: «Mulieres uestre aratura uestra, arate eas ut uultis». Et tamen in eodem capitulo prius dicit quod illi sodomite tempore Loth operati sunt «abominabile vicium et pristinis nationibus insuetum». 마찬가지로 암소(Vacca) 장에서 그는 남성과 여성 모두에게 동성애를 허용합니다. 그는 사라센인들에게 «그들이 믿지 않는다면, 그들(믿지 않는 자들)과 함께 자신을 더럽히지 말라»라고 말합니다. 그리고 그는 여성들에 대하여 이렇게 말합니다. «너희의 여성들은 너희의 쟁기이다. 너희가 원하는 대로 그들을 쟁기질하라» 그리고 그는 같은 장에서 그 동성애자들이 롯의 시대에 «이전에 생소한 민족들에게 가증스러운 악덕»을 범했다고 말합니다. 『Contra legem Sarracenorum. 리콜도의 사라센 논박 역주』, 82.

마찬가지로 그는 아브라함, 이삭, 야곱 및 그들의 후손에 대해 말하고 있습니다. 그들은 사라센인입니다. 그는 다시 말합니다. 사라센인으로서 최초의 신앙인이라는 사실이 하나님에 의해 그에게 계시 되었습니다. 그가 최초의 사라센인이라면, 그들이 어떻게 사라센인들이었겠습니까? 꾸란은 모세와 복음서 이후에 주어졌습니다. 무함마드는 그리스도 탄생 이후 598년에 등장하였습니다. 700년까지 저항했습니다. 그는 그들이 사라센인들이었고, 선지자로서 꾸란이 무엇을 원하는지 알고 있었다고 말하고 싶어 합니다. 그들은 미래에 이단자들이 되었습니다. 그들이 꾸란이 마음에 든다고 말하는 것은 불가능합니다. 왜냐하면 그들은 꾸란에 기록된 것과 다르게 배우고 행동했기 때문입니다.

Item er spricht, Warsagen durch der vogel flüg oder geschrey sey verboten. Aber darnach im Capitel Elaphar spricht er: 'Ir solt warsagen, kundt jr nicht anders, so thuts mit finger teilen, Und wer das nicht thut der sey verbannet'

마찬가지로 그는 새의 비행이나 울음소리로 징조를 예언하는 것을 금지했다고 말합니다. 그러나 그는 나중에 엘라파르(Elaphar) 장에서 다음과 같이 말합니다.: 당신들이 할 수 없다면, 더 나아가 손가락을 공유하십시오.; 이것을 하지 않는 사람은 저주를 받을 것입니다.

Item er spricht, Er sey zu den Arabern gesand, weil die keinen eigen von Gott gehabt haben. Item das der Alcoran allein in Arabischer zungen gegeben, Und er auch keine andere, denn Arabische sprache könne. Denn da sich zu dem Mahmet gesellten

Mapyra ein Jacobit, Silon ein persa, und Solan der Jüde, Sagten etliche: Diese werden dich alles leren, Da fiel er auff die Erden, und seine hende krümmeten sich zu sammen. Und seine Gesellen deckten jn mit jren Kleidern. Und da er wider zu sich selbs kam, sprach er: 'Gott hat mich gesand, euch zu schelten umb des worts willen, da jr saget: Diese leren mich', Und lase jnen einen spruch, der stehet am ende des Capitels Elnael, das heisst Palmen, die laut also: Wir wissen, das man wird sagen, das diese jn leren, wenn sie mit jm Persisch reden etc. Daher spricht er: Wie ists müglich, das diese mich leren solten, so einer ein Persa, der ander ein Ebreer ist? Darauf antworten jene: 'Es ist wol müglich, das sie noch jrer sprache mit dir reden, Und hernach dirs verdolmetschen, du aber alles in deine sprache stellest'. Hierauff wuste er kein antwort.

또한 그는 아랍인들이 하나님의 것(사도를 의미)을 가지고 있지 않았기 때문에 아랍인들에게 보내졌다고 말합니다. 또한 꾸란이 아랍어 언어로만 주어지고 다른 언어로는 주어지지 않았습니다. 야콥파 교도인 마피라(Mapyra)와 페르시아인 실론(Silon), 유대인 솔란(Solan)이 무함마드와 합류했을 때, 어떤 이들이 말했습니다.: 그들이 당신으로부터 배울 것입니다. 그는 땅에 엎드려 두 손을 모았고, 그들은 그들의 옷으로 그를 덮어 주었습니다. 그가 말했습니다.: '하나님께서 당신들에게 말씀으로 가르치기 위하여 나를 당신에게 보내셨습니다. 나에게서 배우십시오.' 그들은 야자수를 의미하는 엘나헬(Elnael) 장 마지막에 있는 속담을 읽었습니다.: 우리는 알고 있습니다. 그들이 페르시아어로 말하기 때문에, 그들을 가르칠 것이라고 말할 것입니다. 그는 언급합니다.: '이것이 어떻게 가능합니까? 한 사람은 페르시아인이고, 한 사람은 히브리인데 나를 가르칠 수 있습니까? 그들은 대답합니다. 그들은 각자의 언어로 당신에게 말을 합니다. 당신을 통역할 것입니다. 당신은 모든 것을 당신의 언어로 번역할 것입니다.' 그는 답을 하지 않았습니다.[18]

Aber kundte er nicht lernen von einem Persen und Ebreo, die seine sprache die Nehesten sind, wie kan er leren, die so ferne von seiner

---

18 Item ipse dicit se esse missum arabibus quia nuncium Dei non habuerant. Dicit etiam quod alchoranum datum est solum in lingua arabica. Dicit etiam se nescire aliam linguam nisi arabícam. Unde cum adhesisset Mahometo quidam Baheyra iacobinus et Salon persa et Abdaalla de Perside filius Selam iudeus, et quidam dicerent quod ipsi instruebant eum, et ecce cecidit in faciem suam et contracte sunt manus eius et pedes, et socii cooperuerunt eum uestibus suis. Et ad se rediens dixit: «Deus misit <me> corripere vos de sermone quem dixistis quod tales me docerent». 그는 또한 아랍인들에게 하나님의 사자가 없었기 때문에, 그가 파송되었다고 말합니다. 또한 꾸란이 아랍어로만 주어졌으며, 아랍어 외에 다른 언어를 알지 못했다고 말합니다. 바헤이라코비누스(Baheyra Jacobinus), 사로 페르사(Salona Persa), 그리고 유대인 세라(Sela)의 아들인 페르시아의 압달라(Abdaalla)가 무함마드(Mahomet)에게 매달렸을 때, 어떤 사람들은 그들이 그를 가르쳤다고 말했습니다. 그리고 보십시오. 그는 쓰러졌으며, 그의 손과 발이 오그라들어, 동료들을 그를 그의 옷으로 덮었습니다. 그는 그들에게 돌아와서 말했습니다. "하나님이 당신이 말하는 언어와 관련하여 당신을 바로잡기 위해 나를 보내셨으며, 그런 사람들이 나를 가르치게 하셨습니다." 『Contra legem Sarracenorum. 리콜도의 사라센 논박 역주』, 84.

Legitque eis unam sententiam que est in fine lectionis Elnahel, quod interpretatur "palma", que sic dicit: «Scimus quod ipsi dicent quod instruet eum homo. Lingua autem qua locuntur ei persica, hec autem arabica patens est». Et ex hoc dicit: «Quomodo potest esse quod illi instruant me, quorum unus persicus est et alter hebreus?». Qui dixerunt ei: «Potest esse quod lingua sua tibi loquentur et exponent; tu lingua tua omnia ratifices». Nec invenit responsionem. 그리고 그는 그들에게 한 문장을 읽어 주었습니다. "종려나무"로 번역되는 엘나엘(Elnahel)과 마지막 한 문장을 그들에게 읽어 주었습니다. «우리는 그들이 그가 사람을 가르칠 것이라고 말하게 될 것을 알고 있습니다.» 그러나 그들이 그에게 페르시아어로 말하는 혀는 아랍어도 가능합니다. 그리고 그는 이것으로부터 이렇게 말합니다. «한 사람은 페르시아인이고 다른 한 사람은 히브리인인데, 어떻게 그들이 나를 가르칠 수 있는가?» 그들이 그에게 말했습니다. «그들은 그들 자신의 언어로 당신에게 말하고 설명할 수 있습니다. 당신은 당신의 혀로 모든 것을 만드십니다.» 그는 답을 찾지 못했습니다. 『Contra legem Sarracenorum. 리콜도의 사라센 논박 역주』, 85.

sprachen sind? Und wil doch aller Heiden Prophet sein, denn im Capitel (Propheten) spricht er, das Gott zu jm gesagt habe: Wir haben dich gesand zu der gantzen Heidenschafft. Aber wie wil er zu allen Heiden komen, die in lxxij sprachen geteilet sein sollen, So er in keiner ander, denn in Arabischer Sprache, sein Wort offenbarn kan?

그러나 그가 그의 언어와 가장 가까운 언어인 페르시아어와 히브리어로부터 배우겠다고 공언하지 않았다면, 어떻게 그의 언어와 가깝지 않은 언어들을 배우겠습니까? 그리고 그는 모든 이교도들의 선지자가 되기를 원합니다. 왜냐하면 선지자들(Propheten) 장에서 하나님께서 그에게 우리가 당신을 모든 이교도들에게 보냈다고 말씀하셨기 때문입니다. 그러나 그가 아랍어 이외의 다른 언어로 자신의 말을 표현할 수 없다면, 어떻게 70가지의 언어로 말하는 모든 이교도에게 올 수 있겠습니까?

Das VII. Capit.

Das der Alcoran mit keinem Wunderwerck bestettigt ist.

제7장
꾸란은 기적으로 증명되지 않는다

Da Moses gesand ward zu Pharao, thet er grosse wunder, Und alle Propheten, Elias, Eliseus, Und sonderlich, so ein Newes solten auffbringen. So ist ja Christus mit grossen zeichen komen, wie Mahmet selbs das alles bekennet im Alcoran, Er aber kein zeichen jemals gethan, drumb kan sein Gesetz nicht von Gott, und er kein Apostel Gottes sein.

모세는 바로에게 보내졌을 때 큰 이적을 행했는데, 모든 선지자 엘리야, 엘리세우스(엘리사), 특히 그런 소식이 전해졌습니다. 그래서 무함마드가 꾸란에서 고백하는 것처럼, 그리스도는 큰 표적을 가지고 오셨지만, 그는 어떤 표적도 행하지 않았기 때문에, 그의 법은 하나님으로부터 올 수 없고, 또한 그는 하나님의 사도가 될 수 없습니다.

Und ob die Sarracenen sagen wolten, Mahmet hette viel und grossse zeichen gethan, als da er den zerteileten Mond wider gentzet, und einen Wasserquell aus seinem finge fliessen lies, Das sind Fabulen, und auch wider den Alcoran selbs. Denn Mahmet verbeut, Man solle solchs dings keins vom jm gleuben, on was im Alcoran geschrieben stehet. Von allen Propheten sagt er also: Viel haben viel gelogen, das nu nicht jemand von mir des gleichen halte, so sol man das allein fur die warheit von mir gleuben, das durch den Alcoran beweiset wird.

그리고 사라센인들이 무함마드가 부서진 달을 다시 새롭게 만들고, 손가락에서 샘물을 흘러나오게 많은 것으로서, 많고 큰 표적을 행했다고 말하기를 원한다면, 이것은 우화이며 또한 꾸란 자체와 위배되는 것입니다. 무함마드는 그러한 것들을 믿으면 안 된다고 금지하고 있기 때문입니다. 이것은 꾸란에 적혀 있습니다. 그는 많은 선지자들에 대하여 이렇게 말합니다.: 그들은 많은 거짓말을 했습니다. 아무도 나와 같은 생각을 하지 않습니다. 꾸란이 증거한 진리만을 믿어야 합니다.

Denn da er keine Wunder gethan hatte und solchs beweisen wolt, furet er Gott ein, der mit jm redet und spricht: 'Der herr sprach zu mir: Darumb las ich dich keine Wunderzeichen thun, das dirs nicht umb der Wunderzeichen willen gehe, wie es andern Propheten gangen ist'. Also ists durch sein eigen zeugnis uberweiset, das er kein Wunderzeichen gethan hat.

그는 기적을 행하지 않았다는 것을 증명하고자 원하여, 자신에게 말씀하시는 하나님을 소개했습니다.: 주님께서 나에게 말씀하셨다.: 내가 너로 하여금 기적을 행하지 못하게 했느니라. 다른 선지자들처럼 기적의 표지를 원하지 말라. 그는 기적의 표적을 행하지 않았다고 증언합니다.

Und er Mahmet, im Alcoran offt spricht, wie die Leute zu jm gesagt haben: zeige doch ein Wunder, wie Moses mit zeichen kam, und wie Christus und andere Propheten gethan haben, darauff er antwortet: Moses und die Propheten sind von Gotte gesand, Sonderlich Christus, der mit grossen zeichen kam, Aber die welt gleubte jnen nicht, Sondern hies sie Zeuberer und schwartzkünstler. Darumb hat mich Gott kein zeichen thun lassen, Denn sie hetten doch nicht gegleubt, Sondern bin komen mit gewalt der woffen.

그리고 그는 꾸란에서 이렇게 언급합니다. 사람들이 그에게 말했습니다.: 모세가 표적을 가지고 어떻게 왔는지, 그리스도와 다른 선지자들이 어떻게 행했는지 기적을 보여 주십시오. 그는 대답합니다.: 하나님이 모세와 선지자들을 보내신 것입니다. 특히 그리스도께서 큰 표적을 가지고 오셨으나 세상이 그들을 믿지 않았습니다. 그들은 마술사, 흑마술사라고 불렸습니다. 하나님께서는 나로 하여금 표적을 행하지 않게 하셨습니다. 그들은 믿지 않았습니다. 그러나 나는 무기의 능력으로 왔습니다.[19]

Das ist aber öffentlich falsch. Warumb solten sie jm nicht gegleubt

---

19 Ipse enim Mahometus frequenter in alchorano recitat quod cum homines ei dicerent "Ostende signa, sicut fecit Moyses et Christus et alii prophete", aiebat quia Moyses venit cum signis, et nuncii ceteri et maxime Christus qui venit cum maximis prodigiis, et mundus non credidit eis. Sed dicebat quod erant malefici, ideo non permittit me Deus facere miracula, non enim crederent; sed veni in virtute armorum. 왜냐하면 무함마드는 꾸란에서 사람들이 그에게 "모세, 그리스도, 그리고 다른 선지자들이 했던 것처럼, 표적을 보이라"고 말했을 때, 모세가 표적들을 가지고 왔으며, 나머지 사자들과 특히 그리스도께서 큰 이적과 함께 오셨다고 말했습니다. 그리고 세상은 그들을 믿지 않았습니다. 그러나 그는 그들이 마술사이기 때문에 하나님은 내가 기적을 행하는 것을 허락하지 않으셨다고 말했습니다. 그들은 내가 무기의 능력으로 왔다는 것을 믿지 않았습니다. 『Contra legem Sarracenorum. 리콜도의 사라센 논박 역주』, 89.

haben, wo er Wunderzeichen gethan hette, So sie jm gegleubt haben on Wunderzeichen, da er nur gebeut zu Tödten, Rauben und Frawen schenden, umb auge anstechen? Denn die Leute geneigt sind zu weltlichem wesen, das sie auch schwerlich durch viel Richter, Hencker und straffe davon gehalten werden.

그러나 그것은 명백하게 잘못된 것입니다. 그들이 그가 기적을 행한 곳에서 왜 그를 믿지 말아야 합니까? 그들은 기적의 표적을 믿지 않았던 것입니다. 그는 오직 여자를 죽이고, 약탈하고, 주고, 눈을 찌르라고 명했기 때문입니다. 사람들은 세속적 성향이 있어서, 법관, 사형집행인, 그리고 형벌도 그것을 막지 못합니다.

Das er aber fur wunderwerck einfüret das schwert oder waffen gewalt, ist auch erlogen. Denn er nicht allzeit obgelegen ist, wie Mose, Josua, Elia, die Gottes Engel allzeit schützt und gewinnen hulfen. Mahmet aber hat zu weilen gewonnen, zu weilen verloren, wie ander Tyranni, Denn die zene worden jm in Kriegen ausgestossen und sein angesicht zuschlagen.

그러나 그가 칼과 무력으로 기적을 행했다는 것은 거짓말입니다. 그는 하나님의 천사가 항상 보호하고 이기게 했던 모세, 예수, 여호수아(Naue), 엘리야(Helias)처럼 항상 승리한 것은 아니었습니다. 그러나 무함마드는 다른 폭군들처럼 때로는 정복했고 또한 정복당했습니다. 그의 치아는 전쟁에서 부러졌으며, 그의 얼굴은 다쳤습니다.

Darumb ist das nicht ein Wunder, das sie das fur ein Wunder anzihen, Nemlich, das jm ein gros teil der Welt zu gefallen ist. Denn er hat ein solch Gesetz und solche gebot gegeben, dazu die Leute auch on Gesetze geneigt sind, wie droben gesagt.

따라서 이 세상 대부분의 사람들이 좋아하는 것을 기적이라고 여기는 것은 기적이 아닙니다. 위에서 언급한 것처럼, 하나님께서는 율법이 없는 사람들에게도 (좋아하지 않더라도) 율법과 계명을 주셨기 때문입니다.

'Gott hat mir geboten, spricht er, Die Heiden mit dem Schwert zu bestreiten, bis das sie bekennen, das kein Gott ist, on Gott, und das ich Gottes Apostel sey.' Welche das bekand haben, die haben damit jr geld und blut erhalten. Daher die Sarraceni genennet werden servati, die erhaltene. Denn welche des Mahmet gebot annamen, die wurden erhalten, beide von jm und von denen, so unter jm waren, Und tödten sie nicht und namen jnen nichts. Und die Sarraceni wollen daher nicht Sarraceni, Sondern Maselamin, das ist, die Erhaltene, heissen, und verlachen die Christen, das sie sich die erhalten nennen.

'하나님 외에는 신이 없고 내가 하나님의 사도라는 사실이 증거되는 때까지, 하나님이 나에게 칼을 가지고 이교도들과 싸우라고 명하셨습니다.' 그러나 이것을 고백하는 사람들은 그들의 돈과 피를 구한 것입니다. 그로 인해 사라센인들은 구원받은 자들(servati)이라고 불립니다. 무함마드와 그의 추종자들은 무함마드의 명령을 받은 사람이라면 누구든지 구해 주었습니다. 즉, 죽이거나 약탈하지 않았습니다. 그러므로 사라센인들도 '사라센인' 이라고 불리지 않고 메셀라민(messelamin)이라고 불렸습니다. '구원받은 사람들'이라는 뜻입니다. 그들은 구원받은 자들이라고 불리는 그리스도인들을 조롱했습니다.

Da nu viel solch erhaltung von Mahmet annamen, umb der selben ursachen willen, hies er darnach predigen, Das, wer diese wort spreche Es ist kein Gott ausser Gott, der kompt ins Paradis, Er sey ein Ehebrecher oder strassen mörder. Es kam aber zu jm einer, der hies Euordi, und fragt jn, ob das war were. Da antwortet er Ja und sagt weiter, wenn er gleich Wein trüncke oder Tödtet, Dazu wenn er auch den Abdala die Nasen krümmete. Solchs aber zu bestettigen, thet er kein zeichen, Sondern zoch das blosse Schwert aus.

이제 그는 같은 이유로 인하여 무함마드의 보호를 받는 많은 사람들에게 설교하기를 명령했습니다. 간통한 사람이며 거리의 살인자라고 할지라도 하나님 이외에는 신이 없다고 설교하면, 천국에 들어갈 것입니다. 그러나 에우르디(Euordi)라고 불려지는 사람이 그에게 와서 그것이 사실인지 물었습니다. 그는 예라고 대답했습니다. 그리고 그가 술을 마시고 살인하며, 압달라(Abdala)의 코를 비틀게 한다고 할지라도 그렇다고 계속 말했습니다. 그러나 그런 사실을 증명하기 위해 어떤 표적도 보여주지 않고 칼을 뽑았습니다.

Noch klerer stehets im Capitel der Propheten, Denn da lieset man also: Es ward gesagt zum Mahmet. Es treumet dir, du ertichtest lügen, oder wilt vieleicht singen, Lieber kome zu uns mit einem einigen Wunderzeichen, wie die, die zuvor gesand sind. Da antwortet er: 'Gott spricht, Wir haben Stedte umbgekeret fur den augen der Ungleubigen, und darnach die, so fur euch gewest sind, noch haben sie nicht wollen gleuben, Und jr gleubt auch nicht, on durchs Schwert'.

그것은 선지자(Propheten) 장에서 훨씬 더 분명하게 드러납니다. 왜냐하면 어떤 사람은 다음과 같이 읽기 때문입니다. : 사람들은 무함마드에게 말합니다. 당신이 꿈을 꾸거나, 혹은 노래한 것입니다. 이전에 보냄을 받았던 사람들처럼, 몇 가지의 표적을 가지고 오십시오. 그는 대답합니다. : '하나님께서 말씀하십니다. 우리는 불신자들의 눈 앞에서 성읍들을 회개시켰느니라. 너희보다 먼저 있었던 사람들이 믿기를 원하지 않았으며, 칼을 사용하지 않으면 너희는 믿지 않는다.'

Doch rühmet er, Nemlich, das Gabriel von Gott zu jm gesand sey, der furet jn zu einem Thier, das war grösser denn ein Esel, kleiner denn ein Maulpferd, das hies Elmaparac. Und dasselbe Thier kunde reden und in einer stunde gehen einen weg, der sonst fünff tausend jar lang zu gehen were, und das thets des nachts. Und ander mehr Fabel, davon hernach im zehenden Capitel.

그러나 그는 하나님께서 보내신 가브리엘을 나귀보다 크고 노새보다 작은 짐승 엘마파락(Elmaparac)에게 보냈다고 자랑합니다. 이 짐승은 5만 년의 거리를 1시간 만에 갔습니다. 이 일을 밤에 했습니다. 다음 장에서 또 다른 우화가 있습니다.

Aber unser Christlicher glaube, der doch schwere ding fordert, zu Gleuben und zu thun, ist mit öffentlichen und nützlichen Wunderzeichen gegründet, die nicht allein Christus, sondern auch die Apostel und hernach die Veter gethan, Und weren noch heutigs tags, das die Teuffel ausgetrieben, krancken gesund werden, todten aufferstehen. Solche wunder thun die Christen, die doch gleuben und bekennen, das Jhesus Christus der gecreutzigte sey warhafftiger und der einige Gott.

그러나 믿기 어렵고 행하기 어려운 것을 요구하는 우리 그리스도교 신앙은 그리스도뿐만 아니라 사도들과 그 이후에 교부들이 행했던 공개적이고 유용한 기적의 표적에 기초하고 있으며, 오늘날에도 마귀들을 쫓아내고 있습니다. 병든 자들이 치유되고, 죽은 자들이 부활합니다. 십자가에 못 박히신 예수 그리스도를 참되고 유일하신 하나님이라고 믿고 고백하는 그리스도인들이 그러한 기적을 행합니다.

Und wiewol die Sarraceni sagen, sie gleuben der keins, das geschehen sey, So zeige ich dis grosse Wunder an. Es ist offenbar, das die gantze welt, fur Christus geburt, Abgötter anbetet, Sonderlich die Römer, die zu der zeit der welt herrn waren, Noch haben sie den Christen glauben angenomen, Und nicht allein gegleubt, das der gecreutzigte Christus warhafftiger Gott sey, sondern auch verworffen alle ander Götter, die jnen so lange zeit her durch die Abgötter antwort gaben und auch nichts schweres aufflegten. Der Christlich glaube aber solch ungewönlich schwere ding auffleget, als da ist, die welt verachten, sich selbs verachten, Feinde lieben, beten fur Verfolger, wol thun den, die uns leie thun, frembde güter nicht rauben, eigen güter geben etc. Solchs alles hat die welt angenomen und jr voriges wesen verworffen.

그리고 사라센인들은 일어난 일을 전혀 믿지 않는다고 말하지만, 나는 더 위대한 기적을 보여준 것입니다. 우상을 숭배하던 온 세상이 그리스도의 탄생을 위하여 그렇게 한 것은 분명합니다. 세상을 통치했던 로마인들이 그리스도교 신앙을 받아들이고, 십자가에 못 박히신 그리스도가 참 하나님이심을 믿었을 뿐만 아니라 모든 다른 우상들을 버렸습니다. 그들은 오랫동안 우상숭배를 했으며, 불만이 없었습니다. 그러나 그리스도교 신앙은 특이하게 어려운 것들을 부과합니다. 세상과 자신을 멸시하고 원수를 사랑하며, 박해하는 자들을 위하여 기도하는 것. 우리를 해하는 사람들에게 기꺼이 행하고 남의 것을 훔치지 않는 것. 자신의 재산을 주는 것. 세상은 모든 것을 수용했으며, 이전 것들을 버렸습니다.[20]

---

20 Quod si dixerunt saraceni quia ista non credunt nec facta sunt, ostendimus eis miraculum maius. Constat enim quod totus mundus colebat ydola, et maxime romani qui tenebant monarchiam mundi. Hii receperunt fidem christianam, et non solum acceptauerunt Christum crucifixum esse verum Deum sed etiam spreuerunt omnes alios deos qui tanto tempore in ydolis dabant eis responsa nec imponebant eis aliqua gravia; cum fides christiana tam ardua et insolita mundo imponat, ut contempnere mundum, contempnere seipsum, diligere inimicos, orare pro persequentibus, benefacere malefacientibus, aliena non appetere, propria largiri. Hec omnia mundus acceptauit et ritum pristinum dimisit, aut igitur propter sufficientia miracula aut sine miraculo. 그러나 사라센인들이 이것을 믿지 않고, 이루어지지 않았다고 말했다면 우리는 그들에게 더 큰 기적을 보여준 것입니다. 왜냐하면 온 세상이 우상을 숭배한 것이 확실하기 때문입니다. 특히 이 세상의 군주 역할을 했던 로마인이 그러합니다. 그들은 그리스도교 신앙을 받아들였으며, 참된 하나님이신 그리스도께서 십자가에 못 박히신 것뿐만 아니라 다른 모든 신들

Es sey nu die welt durch Wunder oder on wunder bekeret, so ist das ein gros Wunder, das on wunder durch einfeltige ungelerte Leute solchs hat mügen geschehen, Und solchs haben gethan die Christen, die nicht ander Leute getödtet, Sondern den tod von andern gedültiglich gelidden haben. So ists offenbar, das der Christliche glaub durch uber aus grosse Wunder gegründet ist. Aber des Mahmet glaube nicht mit einem wunder. Es ist auch ein solcher glaube, der keine Wunder bedarff, sonderlich bey den Sarracenen, die gantz fleischlich und zu zeitlicher lust geneigtsind, auch zu Rauben und zu Morden.

평범하고 무식한 사람들을 통하여 기적이 일어난 큰 기적을 세상을 회개시켰을 것입니다. 그리스도인들은 다른 사람들을 죽이지 않고, 인내하며 죽음을 견디었습니다. 따라서 그리스도교 신앙은 위대한 기적 위에 기초하고 있는 것은 분명합니다. 그러나 무함마드는 기적을 믿지 않습니다. 특히 사라센인들에게는 기적을 필요로 하지 않는 믿음입니다. 그들은 매우 육신의 정욕이 강하며, 강도와 살인의 성향이 있는 세속적인 사람들입니다.

Wie wol was Weiser leute und gelerte leute, die Menschen vernunfft haben, unter jnen, dem Mahmet nichts gleuben.

을 멸시했습니다. 그들은 오랫동안 우상숭배를 하고 있다고 대답했으며, 그들에게 어떤 불만도 부과하지 않았습니다. 그리스도교 신앙은 세상에 어렵고 특이한 것을 부과하기 때문에, 세상을 경멸하며, 자신을 멸시하고, 원수를 사랑하고, 핍박하는 자들을 위하여 기도하고, 악을 행하는 자들에게 선을 베풀며, 다른 것을 얻고자 하지 않고, 자신의 것들을 주는 것입니다. 세상은 (그리스도교)의 모든 것들을 수용했으며, 이전의 의식을 버렸습니다. 이것은 충분한 기적들로 인한 것이거나, 혹은 기적없이 그렇게 된 것입니다. 『Contra legem Sarracenorum. 리콜도의 사라센 논박 역주』, 94-95.

지혜로운 사람과 학식이 있는 사람, 합리적인 사람들은 무함마드를 믿지 않습니다.

Das VIII. Cap.

Wie der Alcoran Mahmet viehisch und selvisch ist.

제8장

어떻게 무함마드의 율법이 야비하며 이기적인가

Es künd wol geschehen sein, das Mahmets gesetz von der welt were angenomen auch on Wunderzeichen, wo es doch der vernunfft gemes were. Nu aber ists keiner vernufft gemes, Erstlich des Meisters halben, zum andern, des Gesetzes halben an jm selbs, zum dritten der werck halben, zum vierden des Endes oder meinung halben.

기적이 없다고 하더라고 무함마드의 법이 이 세상에서 받아들여질 수 있으며, 합리적인 하나님의 율법이라고 단정될 수 있다는 사실이 고려되어야 합니다. 그러나 그것은 비합리적인 법입니다. 첫 번째는 저자 때문이고, 다른 한 편으로는 법 자체 때문입니다. 세 번째로는 행위 때문이며, 네 번째로는 목적과 의미 때문입니다.

Erstlich ists der vernunfft nicht gemes, das ein solcher böser Mensch, ein Mörder, Reuber, Ehebrecher und andern lastern unterworffen, solt ein heilig (wie sie nennen) Gesetz stellen, wie das alles offenbar ist, die sein leben wissen.

살인자, 강도, 근친상간자이며 다른 악에 종속된 그러한 악한 사람이 (그들이 부르는 것처럼) 거룩한 율법을 제정했다는 것은 이성에 어긋난 것입니다. 그의 삶을 아는 사람들에게는 모든 것이 분명합니다.[21]

Hie antworten die Sarracenen: 'David fiel auch in Ehebruch und Mord, Moses schlug ein Egypter tod. Also mag man sagen von Mahmet, das er dennoch wol könne Gottes Prophet sein, ob er etwa ein sünden gelegen sey, Denn jene beide gleich wol rechte Gottes Propheten waren.'

그리고 사라센인들은 다윗이 간음과 살인을 저질렀고 모세는 살인자였지만 그들 각자는 하나님의 적법한 선지자였다고 대답합니다. 무함마드에 대하여 그는 죄를 범한 죄인이었지만 하나님의 진정한 선지자가 될 수 있었다고 말할 수 있습니다.

Aber das thuts nicht. David und Moses haben jre sünde durch Busse gestrafft, Und solchs weis man. Denn David bekennet sine sünde, und hatte leide drumb, Daher, als er sagte: 'Ich habe gesundig", sprach Nathan aus Gottes munde: 'Der Herr hat dir

---

21 Primo igitur patet quia est irrrationabilis ratione ministri. Est enim omnino irrationabile quod lex tam sancta, sicut ipsi asserunt quod alchoranum sit recte sermo Dei, sit data per tam sceleratum hominem, raptorem, adulterum, incestuosum, homicidam et aliis peccatis obnoxium, que omnibus vitam ipsius scientibus patent. 따라서 첫째, 꾸란이 입법자 때문에, 비합리적이라는 것이 명백해 졌습니다. 즉 꾸란이 하나님의 올바른 말씀이라고 주장하는 것처럼, 그 법이 거룩하다는 것은 전적으로 비합리적입니다. 꾸란은 그러한 악한 사람, 강도, 간음, 근친상간, 살인 다른 관련된 죄들을 통하여 주어진 것입니다. 이것은 그의 삶을 알고 있는 모든 사람들에게 있어서 분명한 것입니다. 『Contra legem Sarracenorum. 리콜도의 사라센 논박 역주』, 98.

deine sunde vergeben'. Aber von Mahmet stehets nirgent, das er seine sunde büsset oder bekennet, Sondern bestetigt sie viel mehr, durch sein lesterlich schendlich Gesetze.

하지만 그렇지 않습니다. 다윗과 모세는 회개하며, 벌을 받았습니다. 그리고 이것은 알려져 있습니다. 다윗이 자기 죄를 고백하여, 이로 인하여 고난을 받았습니다. 그가 '내가 죄를 지었습니다'라고 말했을 때, 나단은 하나님의 입으로 나오시는 '주님께서 당신의 죄를 용서하셨습니다'라고 말씀을 전하셨습니다. 그러나 무함마드는 결코 자신의 죄를 회개하거나 고백하지 않으며, 하나님을 모독하며 수치스러운 법을 통하여 오히려 죄를 확증합니다.

Denn das wissen alle Sarracenen seer wol, Das Mahmet mit liebe geraten war an eine frawen, Maria genennet, eine Jacobitin, welche jm Macobeus der Jacobiten könig geschenckt hatte. Aber die zwo frawen Mahmet, dere eine hies Aiese, eine tochter Empipecer, unter allen andern die Edelste, die ander Aasa, eine tochte Omar, begunsten zu eivern wider die Maria. Und sie kamen eines tages zu jm und funden jn bey Maria liegen, und sprachen: 'Ja sol ein Prophet also thun?' Da schemet er sich, und schwur einen Eid, Er wolts nimer mehr thun, Und sie waren zu frieden umb des Eides willen.

모든 사라센인들은 무함마드가 야콥파 교도들의 왕인 마코베우스(Macobeus)가 그에게 선물했던 야콥파 교도인 마리아(Maria)라는 여자와 사랑에 빠졌다는 것을 잘 알고 있습니다. 그러나 무함마드의 두 명의 부인들과 마리아와 사이와 좋지 않았습니다. 그중 한 명은 딸 엠피페세르(Empipecer)의 딸인 아이제(Aiese)라고 불렸고, 다른 부인들 중에 가장 고귀한 오마르(Omar)의 딸인 아사(Aasa)였습니다. 어느 날 그들이 그에게 왔을 때, 그가 마리아와 동침한 것을 보고 '선지자가 그렇게 해야 합니까?'라고 말했습니다. 그는 부끄러워 했으며, 다시는 그런 일을 하지 않겠다고 맹세했습니다. 이 맹세로 인하여 그들은 진정되었습니다.

Bald hernach kund er sich nicht enthalten, und stellet ein Gesetz, als hets Gott geheissen und jm offenbaret, und setzt den spruch in den Alcorano, im Capitel Elmetheharem, Das heisst Verbot oder Bann, und spricht: 'O Propheta, Warumb verbeutestu dir, das dir Gott erleubet hat? Wiltu deinen weibern hofieren? Gott hat hiemit gesetzt, das du mügest deine Eide nicht halten'. Also ward er meineidig, und schlieff wider bey jr, und gab fur, Gott hette seinen Eid auffgehaben, des weren zeugen Michael und Gabriel.

이후 그는 자제하지 못했으며, 하나님께서 말씀하신 법인 것처럼 꾸란의 엘메데하렘(Elmetheharem)에서 언급합니다.: 이것은 금지, 명령으로 불립니다. '오 선지자여. 하나님께서 네게 주신 것을 네가 어찌하여 망하게 하느냐? 당신은 당신의 부인에게 잘해주기를 원합니까? 이로써 하나님은 맹세를 지키지 말라고 명하셨습니다.' 그래서 그는 위증을 하게 되었으며, 다시 그녀와 잠자리를 가지게 되었으며, 하나님이 맹세를 취소했습니다. 미카엘과 가브리엘이 증인이었습니다.

Da sprach seiner frawen eine: 'O Mahmet, Ja es wird Gott seer viel gelegen sein an deinem furwitz. Vielleicht hat ers darumb geredt, das er dir nachfolgen, und in solchem bösen werck mit dir teilhafftig sein wil. Meinstu das dirs darumb von Gott befolhen sey, das du es mit deinem munde zeuget? Meinstu Gott wolle dir hofieren, und hierin dir bey stehen?'

그러자 그의 아내 중 한 명이 말했습니다.: '오 무함마드여, 하나님께서는 당신의 욕망 안에 많은 것을 베풀었습니다. 아마도 그는 당신이 그러한 악한 일에 관여하는 것에 대해 말씀하셨습니다. 당신은 당신의 입으로 말한다고 해서, 하나님의 명령을 받은 것이라고 생각하는 것입니까? 하나님께서 당신에게 잘해 주셔서, 당신의 편에 있다고 생각하십니까?

Hierauff lase er beiden seinen frawen, das, so da folget im Capitel Vetationis, Und sprach, als aus dem munde Gottes: lassts euch leid sein fur Gotte, das ewr hertzen so gesundigt haben (er meinet das sie jn gestrafft hatten umb den Ehebruch), Und folget daselbs: Wenn er sich von euch scheiden würde, So wil ich jm wol bessere Sarracenin geben, an ewre stat, die da from, reich, busfertig, Beten, rüstig sind, dazu auch Jungfrawen. Da sie das höreten, sprachen sie: 'Es ist uns leid.'

그런 다음에 그는 금지(Vetatio) 장을 그의 두 명의 부인들과 읽고 마치 하나님의 입에서 나온 것처럼 말했습니다.: 마음으로 죄를 지었으며, 하나님께 용서를 구하십시오. (그는 그녀들이 불륜으로 자신에게 벌을 주려고 한다고 생각했습니다.) 계속 말했습니다.: 그가 그녀들과 이혼하게 된다면, 나(하나님)는 그에게 더 좋은 사라센 여인들을 줄 것입니다. 사라센 여인들은 신실하고 부유하며, 회개하고, 기도하며, 기운이 넘칩니다. 또한 그 사라센 여인들은 처녀입니다. 그녀들은 이 말을 듣고, '죄송합니다'라고 말했습니다.

Also thet er auch, da er seinem Schaffner Zeith sein Weib nam, und setzt den spruch im Capitel Elazeb, das Gott gesagt habe: Du verbirgest in deinem hertzen, das Gott offenbar haben wil, Und fürchtest menschen, Es ist billicher, das man Gott fürchte. Aber da sie Zeit widerfoddert und sprach: 'O Apostel Gottes, du must sie nicht zum weibe haben', sprach Mahmet: 'Weh dir, Gott hat mir sie gegeben.'

그는 그가 자이트(Zeith)의 부인을 그의 부인으로 받아 들였을 때, 그는 엘라젭(Elazeb) 장에서 하나님께서 말씀하신 것을 말합니다.: 당신은 하나님께서 보여주고자 하는 것을 마음 속에 숨기고 있습니다. 당신은 사람들을 두려워하지만, 사람은 하나님을 두려워해야 합니다. 그러나 그녀가 시간을 더 끌지 못하고 말했습니다.: '오 하나님의 사도여, 당신은 그녀를 당신의 아내로 두어서는 안 됩니다.' 무함마드는 말했습니다.: '화 있을지어다. 하나님께서 나에게 그녀를 주셨습니다.'

Zwar er selbs Mahmet spricht, Es sey kein grössere sünde, Denn Gott Lügen zu schreiben. So ist auch kein sünde unleidlicher in einem Propheten, denn unsaubere Lust und unzucht des fleissches. Denn der heilige geist auch der rechten heiligen Propheten hertz nicht rüret, wenn sie im werck des fleissches sind, wie S.

Hieronymus sagt, Auch Aristoteles sagt, das ummüglich sey, in solchem werck oder Brunst mit weisheit umbgehen.

무함마드는 하나님께 거짓말을 하는 것보다 더 큰 죄는 없다고 말합니다. 그러므로 선지자에게 더러운 정욕과 육체의 음행은 용납되지 않는 죄입니다. 성 히에로니무스의 말처럼 성령은 참으로 거룩한 선지자들에게, 그들이 육신의 일을 도모한다면, 다가가시지 않습니다. 아리스토텔레스도 지혜로는 그런 일이나 욕정을 감당할 수 없다고 말합니다.

Darumb ists wider die vernunfft, das eines so heilsamen Gesetzes (wie sie es nennen) Meister und Prophet solt sein ein solcher unsauber, grober, unzüchtiger, fleischlicher Mensch. Der auch hierin dazu noch sich rhümet, das er zu solchem werck so viel krafft und vorrat habe, als sonst viertzig menner. Wie wol jm Gott kein kind gegeben hat, on allein eine tochter.

따라서 그 유익한 법(그들이 부르는 것처럼)의 저자이며 선지자가 더럽고, 조잡하고, 음탕하고, 세속적인 사람이어야 한다는 것은 비합리적인 것입니다. 그는 또한 이 점에서 그가 다른 40명의 사람들보다 그러한 일을 하기 위하여 비축된 능력을 가지고 있다고 자랑합니다. 어떻게 하나님이 그에게 딸 이외에 자녀들을 주지 않으셨습니까?

So ist nu solch Gesetz ein vihisch unvernünfftig Gesetz zu halten umb seines Meisters willen, der ein solcher verzweivelter, böser, Vihischer, Sewischer mensch ist. Dazu auch selbs darinne ungewis und zweivelhafftig, Wie er von sich selbs zeuget im Alcoran, das er nicht wisse, wie es jm und den Sarracenen gehen werde, auch ungewis sey, ob er selbs und sie mit jm auff dem wege der seligkeit sind oder nicht.

그러므로 이제 그러한 법은 그 저자로 인하여 야비하며 비합리적인 것으로 간주되어야 합니다. 그는 절망적이며 악하고 야비하며 이기적인 사람입니다. 꾸란에서 증언하는 것처럼, 그는 사라센인들과 함께 구원의 길에 있는지 아닌지 확신하지 못한다고 증언하며, 의심합니다.

Zum andern, Ist der Alcoran auch an jm selbs ein vihisch und sewisch Gesetze wider die vernunfft. Denn er braucht der allerunverschamtesten wort in den sachen, da es not und billich ists, ehrbarlich und züchtig zu reden und die erblichs schande zu decken. Er aber gern redet solche wort, die zu des fleisches Brunst dienen, Denn an gar viel örten braucht er des worts Coire, das auch die Poeten nicht so grob sind. Noch gibt er öffentlich fur, Es sey kein Mensch auff Erden, der den Alcoran verstehe. Warumb hats denn Gott geboten zu halten, so mans nicht kan verstehen?

다른 한편, 꾸란은 이성에 반하는 야비하고 이기적인 법입니다. 꾸란은 매우 무례한 단어를 필요로 합니다. 정직하고 정숙하게 말하고, 명예로운 수치심을 감추는 것이 필요하고 정당하기 때문입니다. 그는 육신의 정욕을 부추기는 그런 말을 하는 것을 좋아합니다. 왜냐하면 그는 많은 곳에서 동침이라는 단어를 사용합니다. 시인들도 이렇게 조잡하지는 않습니다. 꾸란을 이해하는 사람이 이 땅 위에 없다는 것은 이미 공공연한 사실입니다. 왜 하나님께서는 사람이 이해할 수 있는 계명을 지키게 하셨습니까?

So ist das auch wider die vernunfft und Nerrisch geredt, da er an vielen örten sagt, Gott habe den Engeln geboten, Sie solten Adam anbeten. Und welche das nicht thun wolten, musten teuffel werden. Die es aber thetten, solten Engel bleiben. Wie kan vernunfft das leiden, das Gott solt Abgötterey gebieten und Menschen die ehre geben, die Gottes allein ist?

꾸란이 여러 곳에서 말하기를 하나님이 천사들에게 아담을 경배하라고 명령하셨다고 말하는 것은 비이성적이며 어리석은 것입니다. 그리고 그것을 원하지 않는 자들은 마귀가 되어야 했습니다. 그러나 그것을 하는 사람들은 천사로 남아 있습니다. 어떻게 이성이 하나님이 우상숭배를 명령하시고 하나님의 유일한 영광을 사람들에게 주는 것을 용납하겠습니까?

Item wie sie sagen, ists das nöttigst in jrem Gesetze, das man sprechen solle allenthalben diese wort: 'Es ist kein Gott, denn Gott, Und Mahmet ist Gottes Apostel', Und das Gott gros ist. Was ist das fur sonderlich gros ding, als were hierin etwa ein zweivel oder seltzam new lere? Wer weis nicht, das Gott Gott ist, und das er gros ist, Wer hat je gehort, das Gott nicht Gott ist, oder das er klein sey, Es sey ein Gott oder viel.

그들이 말하는 것처럼, '하나님 이외에는 신이 없고, 무함마드는 하나님의 사도'라는 말, 그리고 신은 위대하시다는 말은 그들의 법에서 가장 필요한 것입니다. 특히 위대한 것은 무엇입니까? 그 안에 의심스럽고 새로운 교리가 있는 것 같습니다. 하나님이 하나님이시며 위대하심을 알지 못하는 자가 누구입니까? 하나님이 하나님이 아니며 혹은 하나님은 작으시고 한 분 혹은 여럿이라고 듣는 자는 누구입니까?

Es laut eben, als wenn einer spreche: 'Es ist kein Esel, denn ein Esel', Es ist keine kue, denn eine Kue, Es ist kein Mensch, denn ein Mensch'. Man weis wol, das ein Ochs oder Hund kein Esel ist, auch Mensch oder Engel nicht Gott ist. Narren und Wansinnige mügen soreden, Das es aber sonderlich Gottesdienst oder weisheit sein solt, das ist nichts. Dazu so war und gewis die rede ist, das Gott Gott ist, So ungewis ist die, das Mahmet Gottes Apostel sey. Was hillft sie denn solch grosser Nerrichter rhum in diesen vergeblichen worten, das der on zweivel selig werde, der solche wort spricht?

마치 누군가가 '당나귀가 아니라 당나귀다', '암소가 아니라 암소이다, 사람이 아니라 사람이다'라고 말하는 것처럼 들립니다. 황소 혹은 개가 당나귀가 아니며, 사람이 혹은 천사가 하나님이 아니라고 알고 있습니다. 어리석은 자와 미치광이가 말을 할 수는 있지만, 특별히 예배나 지혜가 있어야 한다는 것은 아닙니다. 하나님은 하나님이시라는 것은 확실하지만, 무함마드가 하나님의 사도라는 것은 불확실합니다. 헛된 말을 하는 그 위대한 어리석은 사람에게 무엇이 도움이 되겠습니까? 그런 말을 하는 사람이 의심스럽게도 구원을 받겠습니까?

Item Mahmet spricht in dem Gesetze, Das alle Menschen sind einerley gewest, und einerley glaubens. Aber Gott habe sie mancherley gemacht, da er mancherley Propheten gesand hat. Lieber was fur ein schein hat dis, das es war sein solt? Gott wil auffs höhest die einigkeit haben, und nicht mancherley secten. Der Teuffel und böse Menschen (durch Gottes verhengnis) trennen die menschen von der einigen warheit in mancherley jrthum und secten.

무함마드는 율법서(꾸란)에서 모든 사람들이 하나였으며, 하나의 믿음을 가졌다고 말합니다. 그러나 하나님께서 많은 선지자를 보내시어, 그들을 다양하게 만들었습니다. 사랑하는 이여, 원래 어떤 모습으로 있어야 합니까? 하나님은 많은 분파가 아니라 최고 수준의 연합을 원하십니다. 마귀와 사악한 사람들은 (하나님의 저주를 통해) 여러 종파들의 사람들을 하나의 진리로부터 분리시킵니다.

Mahmet gebeut, als aus Gottes munde, zu tödten die ungleubigen, das ist, die nicht Sarracenen sind. Und sprich doch, Sie vermügen nichts guts zu denken, wo sie von Gott nicht geffurt werden. Wenn sie nu nicht gefurt werden, ists Nerrisch, ja Mörderlich, sie tödten umb das, das sie nicht vermügen, Vermügen sie es aber, so ists Nerrisch, das man sie zwinge. Denn Gotte gefallen nicht gezwungene dienst.

무함마드는 불신자들, 즉 사라센인이 아닌 사람들을 죽이라고 하나님의 입에서 나온 것처럼 명령했습니다. 그리고 말했습니다. 당신은 하나님의 인도를 받지 않는 한 선한 것을 생각할 수 없습니다. 살인은 어리석은 것입니다. 그들은 할 수 없습니다. 그러나 그들에게 강요하면 어리석게도 할 수 있습니다. 하나님은 강제로 하는 일을 원하지 않으십니다.[22]

Auch so helt ers anders wo selber fur thöricht ungeschickt ding, Das man tödten solt, die nicht gleuben, oder zwingen zu gleuben. Denn so spricht er im Capitel Jone: 'Wenn Gott wolte, So gleubten sie alle die auff erden sind, Und du wilt die Menschen zwingen zu gleuben. Niemand kan gleuben, Gott gebe es jm denn.' Davon weiter im folgende Capitel.

그럼에도 불구하고 불신자들을 죽이거나 강제로 믿도록 하는 것은 어리석

---

22 Preterea Mahometus mandat in predicta lege, quasi ex ore Dei, quod occidantur increduli, id est qui non sunt saraceni; cum tamen dicat de ipsis quod nunquam possunt dirigi nisi a Deo, et Deus eos non dirigat. Sed inconveniens est quod occidantur pro eo quod nullo modo possunt aliud; cum etiam si possent aliud, non debent cogi, quia «Deo non placent coacta seruitia». Hoc autem, scilicet quod occidantur nisi credant vel quod aliquo modo credere colpellantur, etiam ipse Mahometus qui precipit, irrationabile iudicat et inconveniens. Dicit enim in capitulo de Iona: «Si vellet Deus, omnes crederent qui sunt in terra. Et tu cogis homines ut credant? Et nemo potest esse fidelis nisi ei largiatur a Deo». 더욱이 무함마드는 하나님의 입에서 나온 말씀처럼, 불신자들, 즉 사라센인들이 아닌 자들을 죽여야 한다고 앞에 언급된 법에서 명령합니다. 그러나 그는 그들에 대하여 그들이 하나님에 의한 것이 아니라면, 결코 지시될 수 없으며, 하나님이 그들에게 지시하지 않는다고 말했습니다. 그러나 다른 방법으로는 불가능하기 때문에, 그들을 죽여야 하는 것은 부적절합니다. 비록 그들이 다른 방법이 가능하다고 하더라도, 그들은 강요되어서는 안 되기 때문입니다. 왜냐하면 "강요받은 노예는 하나님을 기쁘시게 하지 못하기 때문입니다." 그러나 그들이 믿지 않는 한 죽임을 당해야 한다는 것이나 혹은 어떤 식으로든 믿도록 강요받는 것, 심지어 명령하는 무함마드조차도 그것을 비합리적이며, 부적절하다고 생각하는 것은 분명합니다. 그는 요나(Iona) 장에서 «하나님께서 원하시면, 땅에 있는 모든 사람들이 믿을 것입니다. 당신은 사람들에게 믿도록 강요합니까? 그리고 하나님께서 그에게 주시지 않는 한 어느 누구도 신자가 될 수 없습니다.»라고 말합니다. 『Contra legem Sarracenorum. 리콜도의 사라센 논박 역주』, 107.

고 서투른 것으로 여겨집니다. 왜냐하면 그는 요나(Jone) 장에서 이렇게 말하기 때문입니다. '하나님이 원하시면 땅 위에 있는 모든 사람들을 믿게 만들 것입니다. 당신은 사람들이 강제로 믿게 되는 것을 원합니다. 어느 누구도 믿을 수 없습니다.' 다음 장에서 더 자세히 설명하겠습니다.

Zum dritten ist sein Gesetz wider die vernunfft und vihisch der dinge halben, davon es leret. Er macht ein eigen Capitel von der Emmeissen, Von der Spinne, Vom Rauch, Aber wo zu gebeut Gott solchs, von der Emmeisen und Rauch? Etc.

셋째, 그의 법은 비합리적입니다. 그것에 대하여 가르치는 내용의 절반은 야만적입니다. 그는 거미, 연기에 대해 엠메이센(Emmeissen) 장을 만들었습니다. 그러나 거미와 연기에 대해 하나님은 어디에서 그런 일을 명령하십니까? 등.

Item er spricht, Gott könne es dem nimer mehr vergeben, der den feinden den rücken keret. Lieber, welcher narre wolt das fur sunde halten, das einer flöhe, so er die ferligkeit sehe? On das er hie mit die seinen Tolküne und streitbar hat wollen machen.

하나님은 원수에게 등을 돌리는 사람을 결코 용서하실 수 없다고 말합니다. 사랑하는 이여, 어떤 바보가 사람이 위험을 보고 도망가는 것을 죄라고 하겠습니까? 그는 여기서 그것에 대해 대담하게 논쟁하기를 원했습니다.[23]

---

23 Item dicit quod Deus in perpetuum non parcet sarraceno qui tergum inimico ostendit etc. Sed quod est peccatum quod homo fugiat in bello si videt se in periculo? Sed

Item, da er leret von wasschen, das ist allerding nerrisch und lecherlich. Er gebeut, wenn sie beten wollen, sollen sie die Hende und angesicht, und unten (mit urlaub) das hinderst og förderst, wie ers grob gnug nennet, auch die fussolen und die arm bis an den Elbogen waschen. Wo sie aber nicht können wasser haben, sollen sie die Hand in staub stossen, und die hende mit staub reiben, und also das angesicht auch damit reiben etc. Wenn man das hertze wasschen lerete, wie Jeremia spricht, das were wol vernüfftiger. Was hats vernunfft staub ins angesicht reiben?

그는 씻는 것에 대하여 어리석고 우습게 가르칩니다. 그는 당신이 기도하기를 원한다면 손과 얼굴을 씻고 발바닥, 팔꿈치까지 씻으라고 말합니다. 그러나 그들에게 물이 없다면, 먼지를 손에 뿌리고, 손을 먼지로 씻으며, 얼굴도 비벼야 합니다. 예레미야가 말한 대로 마음을 씻는 법을 배운다면 합리적인 것입니다. 얼굴에 먼지를 문질러서 무슨 소용이 있습니까?

Aber das ist uber aus grosse, grobe unvernufft, das er von der Ehescheidung leret. Denn ein Sarracen mag sein Weib verstossen und wider an nemen, so offt es jm geliebet, doch so fern, das er die, zu dritten mal verstossen, nicht mus wider an nemen. Es were denn, das sie der ander Man nicht recht oder volkomen beschlaffen hette.

---

uoluit Maccomettus eos facere bellicosos et audaces. 마찬가지로 그는 하나님이 원수에게 등을 보이는 사라센을 영원히 소중하게 여기지 않으시겠다고 말합니다. 그러나 사람이 전쟁에서 자신이 위험에 처한 것을 보면 도망가는 것이 죄입니까? 그러나 무함마드는 그들을 호전적이면서 대담하게 만들고 싶었던 것입니다.『Contra legem Sarracenorum. 리콜도의 사라센 논박 역주』, 109.

꾸란이 이혼에 대하여 가르치는 것은 매우 비합리적입니다. 사라센인은 그의 부인과 이혼할 수 있으며, 사랑하면 다시 데려올 수 있습니다. 세 번째 이혼하면, 그녀가 다른 남자와 온전히 잠을 자지 않는 한, 다시 데려오지 않아도 됩니다.

Darumb wenn sie jre Weiber gern wider hetten, so geben sie geld dem, der die verstossen zu sich genomen hat (der zu weilen ein Blinder oder sonst geringe person ist), das er solle öffentlich sich lassen hören, Er wölle sich von jr scheiden. Wenn das geschehen ist, so kan sie der erste wider zu sich nemen. Es geschicht aber auch wol, das der selb ander man der frawen so wol gefelt, das er darnach spricht, Er könne sich nicht von jr scheiden. So hat denn jener beide, geld, Braut und hoffnung verloren. Aber solche Gesetze solt man nicht Menschen, sondern unvernünfftigen thieren stellen.

따라서 부인을 다시 소유하고자 한다면, (때로는 맹인이나 아니면 평범한 사람)에게 돈을 주어서, 부인을 데려오게 하여, 공개적으로 이혼하고 싶다는 말을 듣도록 만들어야 합니다. 일이 발생하면, 첫 번째 남편이 데리고 갈 수 있습니다. 그러나 같은 사람이 매우 좋아하여 나중에 이혼할 수 없다고 말하는 일도 있었습니다. 그래서 그는 돈도, 신부도, 희망도 잃은 사람입니다. 그러나 그러한 법은 사람이 아니라 비이성적인 동물에게 적용되어야 합니다.

Zum vierden ist Mahmets Gesetz auch in dem wider Gott und alle vernunfft, das er des Menschen höhest und letzte gut (die ewige seligkeit) setzt in fleischliche wollust. Denn durch den gantzen Alcoran verheisst er seinen Sarracenen diese seligkeit, das sie werden besitzen wasserreiche Garten, frawen und nebenfrawen, Jung, seuberlich, sittig, in Purpurkleidern, gülden und silbern becher uber den Tisschen, und allerley köstliche speise, solchs alles erzelet er sonderlich im Capital Elrahman, das heisst Barmhertziger.

넷째, 무함마드의 법은 하나님과 모든 이성에 반하는 것입니다. 인간의 최고이자 궁극적인 선(영원한 행복)을 육신의 정욕에 두기를 원합니다. 그는 꾸란 전체를 통하여 사라센인들에게 물이 풍부한 정원, 젊고 깨끗하고 도덕적이며 자주색 옷을 입은 여성과 첩, 탁자 위에 금과 은 컵, 그리고 모든 종류의 맛있는 음식을 갖게 될 것이라고 약속합니다. 자비로운 것을 의미하는 엘라만(Elrahman) 장에서 특별하게 언급합니다.

Und im Buch von der lere Mahmet, welchs bey jnen seer hoch geacht ist, setzt er die ordning der speise. Und spricht, das erste gericht werde sein die Lebber des fisches Alimpeput, ein seer süsse speise. Darnach früchte der beume, eine nach der andern, Und kompt nu weiter im selben Capite, da fragen jn etliche, ob sie auch werden die fleischliche Lust treiben, Antwortet er, wenn eine einige wollust nicht da solt sein, So were es nicht ein seligs leben, Und were das ander alles nichts und umb sonst, wenn dieses wollust des fleisches nicht solt folgen.

그리고 무함마드의 교리에 대한 책에서, 모든 사람들이 주목해야할 부분이 있습니다. 그는 식사 순서를 결정합니다. 가장 맛있는 요리는 생선 알림페푸트(Alimpeput)의 간입니다. 이후 나무의 과실입니다. 같은 장에서 어떤 사람들이 그들이 육체의 정욕을 쫓을 것인가에 대하여 질문했을 때, 그는 정욕이 없다면, 행복한 삶이 아니라고 대답합니다. 육신의 정욕이 따르지 않는 한, 다른 모든 것은 아무것도 아닐 것입니다.

Und ist die Endliche meinung des Alcoran und der Sarracenen secte dahin gericht, Die seligkeit in fleischliche und des Bauchs wollust zu setzen, Und thun das nicht, das sie es geistlicher weise auff ein anders deuten, wie die heilige Schrifft vom Tissch und essen im Himelreich redet. Denn von der rechten waren seligkeit, als das man Gott schawen und volkomen sein werden in allen tugenden, da sagt Mahmet nicht ein wort von. Denn er begerd solchs nicht, Verstehets auch nicht, Sondern allein da er zu lust hat, das verheisst er jnen.

그리고 꾸란과 사라센인 종파의 최종적 의견은 육신의 뱃속의 행복에 있습니다. 성경이 천국의 식탁과 음식에 대하여 말한 것처럼, 이것은 영적인 방식으로 의미하기 때문에 그렇게 하면 안 됩니다. 하나님을 볼 수 있고 완전한 미덕을 갖출 수 있는 올바르고 참된 구원에 대하여 무함마드는 한마디도 하지 않았습니다. 왜냐하면 그는 원하지도 않고 이해할 수 없기 때문입니다. 그러나 오직 욕정만을 약속합니다.[24]

---

24 In hoc autem est tota intentio alchorani, et totius secte saracenorumn, quod beatitudo consistit precipue in actu gule et luxurie; et ista non dicit quasi per similitudinem vel per exemplum, sicut etiam in sacra scriptura fit mencio de cibo et mensa in uita beata. Nam de vera beatitudine, ut de visione Dei et perfectione anime,

Hierin erzeigt er sich ja, als der nicht allein wider Christum und die Propheten, Sondern auch wider die Philosophos und alle vernünfftige menschen leret, Welche alle in dem uber ein komen, Das des Menschen seligkeit stehe im erkentnis, wie Christus spricht: Das ist das ewige leben, das sie dich erkennen. Und Aristot. spricht: das leben im verstand ist das beste. So mus ja das leben nach dem bauch und fleisches Lust das ergest sein, welchs allen guten verstand hindert.

여기서 그는 자신이 그리스도와 선지자들뿐만 아니라 철학자들과 모든 합리적인 사람들을 대적하는 자임을 보여 줍니다. 그들은 사람의 구원이 그리스도께서 말씀하신 것을 인식하는 데 있다는 것에 대하여 의견을 같이합니다.: 이것은 그들이 당신을 알아보는 영원한 생명입니다. 그리고 아리스토텔레스가 말합니다. 마음으로 사는 것이 제일 좋습니다. 그러므로 결론적으로 배와 육신의 정욕을 따라 사는 삶은 모든 선한 이해를 방해합니다.

Aber weil die Sarracenen nichts fragen weder nach der heiligen Schrifft, oder nach der Philosophen vernunfft, Mus man jnen als den groben Sewen jr sewisch leben furhalten, Wie dasselb müge

---

nullam omnino mentionem facit Mahometus, quia nec desiderauit nec apprehendít eam; sola enim que desiderabat promisit. 그러나 여기에 꾸란과 사라센인들의 종파의 전체적 의도가 존재합니다. 행복이 특별히 탐욕과 정욕에 존재한다는 것입니다. 그는 성경에서 복된 삶 속에서 음식과 식탁에 대한 언급이 있는 것처럼, 이와 유사한 것을 통해서나 혹은, 예를 들어 언급하지 않습니다. 무함마드는 하나님을 관조하는 것과 영혼의 완성과 같은 진정한 행복에 대하여 언급하지 않았습니다. 왜냐하면 그는 그것을 원하지도 않았으며 또 이해하지도 못했기 때문입니다. 그가 원한 것만을 약속했기 때문입니다.『Contra legem Sarracenorum. 리콜도의 사라센 논박 역주』, 112-113.

sein in jenem leben. Denn wo zu sol das Essen und trincken, so daselbs ein ewiges Leben ist, keine Krankheit, hunger, durst, sterben noch mangel, Wie Mahmet selbs bekennet, und in seinem lere buch spricht: Gott wird den Tod erwürgen, darnach werden sie aufferstehen unsterblich und gantz gesund. Eben also, wo zu sol der fleischlichen lust werck, so daselbs keine Kinder oder leibs frücht sein sollen, dahin es doch von Gott geordnet? Oder sol essen und trincken da sein, so wird auch des Leibs ausfegen da sein müssen. Wie wil sich das reimen zum ewigen seligen leben?

그러나 사라센인은 성경이나 철학자의 이성에 대해 아무것도 묻지 않기 때문에 조잡하게 살아가고 있다고 보아야 합니다. 그 삶 속에서는 동일합니다. 왜냐하면 먹고 마시는 것이 있는 곳이기 때문입니다. 그러나 영원한 생명이 있는 한, 질병, 굶주림, 목마름, 죽음과 궁핍이 없습니다. 무함마드 자신이 그의 교리서에서 고백하고 언급합니다.: 하나님은 죽음을 극복할 것입니다. 그들은 죽지 않고 부활하며 매우 건강할 것입니다. 자녀가 없거나 육신의 열매(자녀)가 없으며 육체적인 쾌락만 있는 곳이 하나님이 정하신 곳입니까? 또는 먹고 마시는 것이 있으면, 몸을 깨끗이 비워야 합니다. 영원한 구원의 삶에 부합하는 것입니까?

Hie antwortet Mahmet in seinem lere büch: Es wird dort kein ausfegen des unflats sein, on durch den schweis. Und füret hie zu das Exempel eines Kindlins in mutterleibe, das wird geneeret und wirfft nichts aus. Aber was solch exempel thut, verstehet jederman wol, Denn das Kindlin isset noch trinckt nicht in mutterleibe, hat auch nicht fleischliche wollust an essen und trincken, die der Mahmet allein sucht, Sondern neeret sich durch die Nabelschnur. Auch was ist das fur eine seligkeit, da man ewiglich alle stunde, on auffhören schwitzen, schwenken und stincken mus, wie ein einem bade oder stuben?

무함마드는 교리서에서 이렇게 대답합니다. 땀으로 오물을 쓸어내는 것이 없을 것입니다. 어머니 자궁 속에 있는 아이의 예를 제시합니다. 그는 영양분을 공급받았지만, 완성되지 못했습니다. 모든 사람들이 이 예를 이해합니다. 왜냐하면 아기는 자궁에서 먹지도, 마시지도 않기 때문입니다. 무함마드가 추구하는 먹고 마시는 육신의 욕망이 없습니다. 그러나 탯줄을 통하여 영양을 공급받습니다. 땀, 헐떡임과 악취가 영원히 멈춘다면, 얼마나 행복하겠습니까?[25]

Aber wo Kinder sollen aus dem fleischlichen werck geboren werden, So werden gar viel mehr geborn werden nach der aufferstehung, Denn fur der aufferstehung je geborn sind, Und die selben Kinder können ja nicht volkomen sein, wie die Veter und

---

25 Ad hoc respondet Mahometus in libro de sua Doctrina dicens quod non erit ibi egestio sordium sed purgatio per sudorem. Et ponit exemplum de puero in utero matris, qui, ut dicit, nutritur et non egerit. Sed exemplum et ratio eius nichil soluít, sicut patet inspicienti. Nam quedam sunt de perfectione imperfecti que in re perfecta essent imperfectiones magne. 무함마드는 이것에 대하여 그의 교리에 대한 책에서 더러움의 배설이 아니라 땀을 통한 정화라고 대답합니다. 그리고 그는 어머니 자궁 속에 있는 아이의 예를 제시합니다. 그 아이는 언급했던 것처럼, 영양분을 공급받았지만, (사람으로서) 완성되지 않았습니다. 그러나 관찰자에게 분명한 것처럼, 이 사례와 논증은 아무 것도 해결하지 못합니다. 이것은 완전한 것 안에 존재하는 큰 불완전함이며, 이것은 존재하는 불완전한 완전함과 관련되어 있습니다. 『Contra legem Sarracenorum. 리콜도의 사라센 논박 역주』, 116.

Mütter, sondern müssen ungleich schwerer, Nerrischer, dürfftiger sein Wie sind sie denn selig? Auch wo des fleisches Lust da ist, So wird auch den Weibern des fleischs schmertzen in der geburt da sein, Item die Kinder werden auch müssen sterben, Sollen sie anders auch aufferstehen?

그러나 육신의 일을 통하여 자녀들이 태어난 곳에서, 부활 이후에는 더 많이 태어날 것입니다. 부활을 위해 태어난 자녀들이 아버지와 어머니처럼 완전할 수 없으며, 비교할 수 없을 정도로 어렵게, 어리석게, 궁핍할 것입니다. 그들이 어떻게 행복하겠습니까? 육신의 정욕이 있는 곳의 여성은 육신의 해산 고통을 겪을 것입니다. 동일하게 자녀들도 죽어야 합니다. 그들이 다르게 부활하겠습니까?

Item, können die, so nach der aufferstehung geborn werden, nicht selig sein, sie nemen denn viel Weiber, So müssen sie so lange unselig bleiben und harren, bis das viel Weiber geborn werden. Und müsten also viel mehr Weiber denn menner geborn werden. Also würde in kurtz das Regiment der frawen werden.

부활 이후에 태어난 사람들이 많은 여성들을 데려가지 않고는 구원받지 못한다면, 그들은 불행한 채로 많은 여성들이 태어날 때까지 기다려야 합니다. 그리고 남성보다 훨씬 더 많은 여성이 태어나야 할 것입니다. 간단히 말해서 여성들이 세상을 통치할 것입니다.[26]

---

26 Preterea, si beatitudo est in luxuriando et in habendo multas uxores, illi qui post resurrectionem generabuntur non poterunt esse beati nisi accipiant multas uxores.

Item sol nach der aufferstehung der Menschen vermehrung durch fleischlich werck ewiglich bleiben, So mus der eines folgen, das sie entweder widerumb sterben und verwesen müssen, oder müsten ewiglich unendlich on zal menschen geborn werden, das ist unmüglich, oder sollen die selben verstorbene nicht auch wider aufferstehen. So mus die Seele ewiglich vom leibe gescheiden bleiben, Und wird also die aufferstehung nicht aller Menschen sein.

인간은 육체의 일을 통해 부활한 후에도 영원히 남아 있어야 합니다. 따라서 한 가지 결론이 도출됩니다. 죽어서 다시 썩거나 아니면 모든 사람들이 영원히 태어나야 한다는 것, 이것은 불가능합니다. 혹은 동일한 사람들이 죽지 않고 다시 부활하지 않는다면, 영혼은 영원히 몸과 분리되어 모든 사람의 부활은 없을 것입니다.

Sollen aber nicht Kinder geborn werden, Wo zu sol die Lust des fleischlichen wercks? Vieleicht zu einem ewigen pfu dich an. Wie viel vernünfftiger reden die Philosophi und Heiden hievon, das solch werck nicht zu oder umb der Lust oder Brunst willen geordent, Sondern widerumb die lust zu und umb des wercks

---

Non poterunt autem accipere nec miseras nec felices, ergo oportebit quod expectent quousque nascantur alie plures. Et sic oportebit quod nascantur multe femine et pauci viri, et sic in breui tempore erit regnum feminarum. 더욱이 행복이 사치와 많은 부인들을 소유하는 것에 있다면, 부활 이후 태어나는 사람들이 많은 부인을 얻지 못하면 행복할 수 없습니다. 그러나 그들은 불행과 행복을 받아들일 수 없기 때문에 다른 많은 사람들이 태어날 때까지 기다려야 합니다. 따라서 많은 여성과 소수의 남성이 태어나는 것이 필요하며, 따라서 짧은 시간 안에 여성의 왕국이 존재하게 될 것입니다. 『Contra legem Sarracenorum. 리콜도의 사라센 논박 역주』, 117.

willen geordent sey, auff das da durch die Thiere gereitzt werden, die Natur zu vermehren und zu erhalten, die sonst on solch werck untergienge.

자녀를 낳지 않는다면, 육신의 정욕이 어디 있겠습니까? 아마도 당신을 영원한 오물로 만들어 버릴 수 있습니다. 많은 이성적인 사람들처럼 철학자들과 이교도들은 언급합니다. 그러한 일은 정욕과 욕정을 위하여 준비된 것이 아니라, 오히려 그 일을 위하여 동물들이 자극받도록 하기 위한 것이었습니다. 자연이 성장하고 유지되는 것입니다. 그렇지 않으면 소멸될 것입니다.

Und warumb halten wir nicht die unvernünfftigen thiere selig, als die Hirschen und Eberschweine in der Brunst, und Hund und Füchse, wenn sie lauffen oder rammeln, als die hierin schon die lust haben, so Mahmet dort in jenem ewigen leben sicht, Oder was bedarff man hie auff Erden, oder was mangelts, das wir nicht gleicher weise in diesem leben selig sind, so wir können fresssen und sauffen auffs allerbeste (Wie wir deudschen thun) oder viel Weiber nemen (Wie die Türcken thun).

그리고 왜 비합리적인 동물을 행복하게 해야 합니까? 무함마드는 그 곳에서 영원한 생명을 목격했습니다. 욕정이 넘치는 사슴과 멧돼지, 개와 여우가 달리거나 걸을 때 욕정을 가지고 있습니다. 우리는 이 땅 위에서 필요하거나 결핍된 것을 가지고 있습니다. 우리는 동일하게 이 삶 속에서 행복하지 않습니다. 우리는 (독일인들이 하는 것처럼) 최고로 먹고 마실 수 있습니다. 혹은 (터키인들이 하는 것처럼) 많은 여성들을 소유할 수 있습니다.

Auch wo solche schöne lust das ewige leben ist, Warumb loben sie selbs alle die jenigen, so bey jnen (den Sarracenen) sich solcher lust enthalten? Denn sie haben auch etliche Münche und geistliche Leute, die keusch leben, von welchen sie viel halten.

그러한 아름다운 정욕이 영원한 생명인 곳에서, 왜 그들은 그들 가운데 있는 그러한 정욕을 멀리하는 모든 사람들(사라센인들)을 스스로 칭찬합니까? 그들에게는 순결하게 생활하는 많은 수도사들과 성직자들이 있기 때문입니다.

Aber was sol ich scharff mit Sewischen unvernünfftigen leuten reden? Wil weiter mit jnen grob reden. Stehet ewige freude in solcher fleischlicher Brunst und lust, Was machen in des die Seelen der heiligen, so verstorben sind? Denn sie fressen und sauffen nicht, uben sich auch nicht in fleischlicher Lust, Weil der leib da ligt verfaulet.

그런데 왜 내가 왜 이기적이고 비합리적인 사람들에게 날카롭게 말해야 합니까? 나는 그들과 계속 거칠게 이야기할 것입니다. 이러한 육신의 정욕과 욕망 속에 영원한 기쁨이 있습니다. 성도들의 영혼들은 죽은 사람 가운데 무엇을 하고 있습니까? 그들은 먹지도 않고 마시지도 아니하며 정욕에 빠지지도 않습니다. 왜냐하면 그곳에 있는 몸은 썩기 때문입니다.[27]

---

27 Si in istis actibus est ultima felicitas hominis, quid faciet anima separata ante resurrectionem, que nec comedere nec luxuriari potest? Nec etiam angeli unquam poterunt esse felices quia istis omnino carent. 인간의 궁극적인 행복이 이러한 행위 안에 있다면, 먹을 수도 없고, 성장할 수도 없는 부활 이전에 분리된 영혼은 무엇을 할 것입니까? 천사들도 전적으로 결핍되어 있기 때문에 결코 행복하지 않을 것입니다. 『Contra legem Sarracenorum. 리콜도의 사라센 논박 역주』, 122.

Und wo von sind die Engel selig und frölich, die nicht essen noch trincken und keine Weiber haben?

먹지도 않고 마시지도 않고 아내도 없는 천사들이 어디에서 행복하고 행복합니까?

Weiter, so die ewige seligkeit stehet darin, das ein man viel Eheweiber, und on zal Kebsweiber haben mag, Wo wollen die Weiber selig und frölich sein? Wenn sie nicht auch nach freier lust des fleisches viel Menner haben sollen? Widerumb, wie kan der Man selig sein, wenn sein weib viel menner haben sol? Hieraus mus der eins folgen, Das entweder der man unselig sein wird, so sein weib viel Menner neben jm haben wil. Oder das weib unselig, so sie allein einen man, der Man aber viel weiber neben jr haben wil, Und sollen doch beide selig sein, nach fleischlicher lust, wie Mahmet leret.

더 나아가 많은 부인들과 첩들을 소유하는 것이 영원한 행복이라면, 여성들은 어디서 행복하고 기쁘기를 원합니까? 언제 그녀들은 마음대로 육신의 남편들을 가지지 말아야 합니까? 부인이 많은 남편들을 가져야 한다면, 남자는 어떻게 행복할 수 있겠습니까? 여기서 한 가지 사실이 결론으로 나와야 합니다. 부인이 많은 남편들을 소유하기를 원하여, 남편은 불행해진다는 것입니다. 남편이 많은 부인을 가지기를 원하는 경우, 한 명의 남편만을 가진 부인은 불행해집니다. 무함마드가 가르치는 것처럼, 육신의 정욕을 따르는 두 가지 경우는 불행합니다.

Das sey dis mal gnug gesagt, Wie gar ein unvernunfftig, Schendlich, Sewisch gesetze des Mahmets ist in disem stück, Wie wol viel mehr Nerrichts und unvernünfftigs dings drinnen stehet, Als das Gott schweret bey der getrewen Stad, bey dem Feigengarten und Olegarten, wie er im Kapitel Eltim (das heisst Feige) klerlich sagt, So alle vernunfft leret, das alle, die da schweren, die schweren bey dem, das sie höher halten denn sich selbs, als durch ein höher zeugen jr wort zu bekrefftigen, davon Ebre auch sagt, Das Gott, da er nichts grössers hatte, bey dem er schweren kundte, Schwur er bey sich selbs.

(무화과를 뜻하는) 엘팀(Eltim) 장에서 말하는 것처럼, 하나님이 신실한 성읍, 무화과 정원과 올리브 정원에서 맹세하셨을 때. 이 부분에서 무함마드의 이 기적인 법이 얼마나 비합리적이고 부끄러운 법인지, 어리석은 비이성적인 것이 얼마나 많은 것이니 말하는 것만으로도 충분합니다. 모든 합리적인 사람들은 자신보다 높은 것들을 통하여 맹세를 합니다. 하나님 이상으로 더 능력을 가진 높은 분이 없기 때문에, 하나님 안에서 맹세합니다.[28]

---

[28] Est etiam irrationabilis ex parte multorum aliorum que in illa continentur, sicut ibi frequenter inducitur quod Deus iurat «per urbem fidelem» et quod Deus iurat «per ficetum et oliuetum», sicut expresse patet in capitulo Eltym, quod interpretatur "ficus". Homines enim per maiorem sui iurant, ut per Deum vel per sanctos. Deus autem, quia non habet maiorem per quem possit iurare, consueuit iurare per semetipsum, sicut ipse dixit ad Abraham, ut habetur in Gen. Quod autem iuret «per ficetum et olivetum», friuolum videtur omnino et irrationabile. "무화과나무"로 번역되는 엘팀 (Eltym) 장에서 명백히 드러나듯이 하나님께서 «신실한 성을 통하여» 맹세하시고 «무화과 나무와 올리브나무를 통하여» 맹세하신 것이 자주 인용되는 것처럼, 그 안에 포함된 다른 많은 부분들이 비합리적입니다. 사람들은 하나님이나 거룩한 사람들을 통하여 맹세하는 것처럼, 더 큰 것을 통하여 맹세합니다. 그러나 창세기에서 그분(하나님)께서 아브라함에게 말씀하셨던 것처럼, 그분은 익숙하게 스스로 맹세했습니다. 그러나 그(무함마드)가 «무화과나무와 감람나무를 통하여» 맹세한 것은 완전히 경박하고 비합리적으로 보입니다. 『Contra legem

Item, das er den Wein verbeut, umb der Trunckenheit willen, wie er an vielen örten sagt, So doch der wein ein gute Creatur Gottes ist, Und der misbrauch des guten zu verdammen ist. Aber er hat vielleicht seine Sarracen verdechtig gehalten, das sie nicht kundten messiglich wein trincken, Darumb hat er den müssen verbieten.

마찬가지로, 그는 많은 곳에서 말하는 것처럼 포도주 마시는 것을 금지했습니다. 포도주가 하나님의 선한 피조물이지만 선한 것에 대한 오용을 정죄할 수는 있습니다. 하지만 아마도 그는 사라센인들이 포도주를 적당하게 마실 수 없다고 의심했을지도 모른다. 그래서 그는 그것을 금지해야만 했던 것입니다.[29]

Sarracenorum. 리콜도의 사라센 논박 역주』, 123.

[29] Item ipse prohibet uniuersaliter uinum propter ebrietatem uitandam, ut dicít in pluribus locis. Set cum uinum non sit de se simpliciter malum, sufficiebat uitare solam ebrietatem. Set et in hoc videtur habere suspectos omnes sarracenos quod nullus eorum posset vel vellet uti uino temperate vel sobrie. unde sua prohibitio necessario cogit dicere vel quod uinum est uniuersaliter malum vel quod sarraceni sunt generaliter intemperati. 그는 또한 여러 곳에서 말했듯이 술 취하지 않기 위해 포도주를 일반적으로 금지합니다. 그러나 포도주는 그 자체로 단순히 악한 것이 아니므로 취하는 것을 피하는 것만으로도 충분합니다. 그러나 그는 여기서 모든 사라센인들을 의심한 것으로 보입니다. 그들 중 누구도 포도주를 절제하면서 또는 신중하게 사용할 수 없었거나 원하지 않았을 것입니다. 그러므로 그의 금지는 필연적으로 포도주가 일반적으로 악하거나, 사라센인들이 일반적으로 무절제하다고 말하도록 강요합니다. 『Contra legem Sarracenorum. 리콜도의 사라센 논박 역주』, 124.

Das IX. Capit.

Von öffentlichen, groben Lügen des Alcorans.

제9장
꾸란의 공개적이고 거친 거짓말에 대하여

Er selbs Mahmet im Kapit. Jone sagt: Wer leret die warheit? Antvort er: 'Gott leret die warheit, und ist die warheit, dem sol man folgen. Und abermal: Es zimet sich nicht in Göttlichen Gesetz, etwas on Gott reden. Nu weis man wol, das Lügen und falsch mus on Gott geredt werden, Denn auch S. Augutinus spricht: Wo eine lügen im Euangelio funden würde, So were das gantz Euangelium verdechtig und nichts. Denn Gott kan nicht liegen,

요나(Jone) 장에서 무함마드가 말합니다.: 누가 진리를 가르치는가? 그는 이렇게 대답합니다. '하나님이 진리를 가르치시니, 진리를 따라야 합니다. 그리고 다시 한번 말합니다.: 하나님에 대해 이야기하는 것은 하나님의 법에 합당하지 않습니다. 이제 하나님에 대하여 거짓말과 거짓된 것이 언급되고 있다고 압니다. 성 어거스틴은 말합니다.: 복음서에서 거짓말이 발견되어, 전체 복음서가 의심받게 되면, 아무것도 아닌 것이 될 것입니다. 왜냐하면 하나님은 거짓말을 하지 않으시기 때문입니다.[30]

---

30 In alchorano autem dicitur in capitulo Ione: «Dic: quis dirigit in veritatem?». Et respondet: «Dic: Deus dirigit veritatem, et qui dirigit veritatem est ueritas et convenit

Nu ists wol also, das im Alcoran viel stehet, das im Euangelio, Mose und Propheten geschrieben ist. Aber Mahmet setzt darunter aus seinem kopff so viel öffentlicher lügen dazu, das man sein buch mus verdechtig und falsch und dem zuschreiben, der ein Lügener und ein Vater der Lügen ist.

꾸란에 있는 많은 것들이 복음서, 모세, 예언서에 기록되어 있습니다. 그러나 무함마드는 그의 머리로 너무 많은 공공연한 거짓말을 추가하여, 그의 책을 거짓이라고 의심하며, 거짓으로 여기며, 그를 거짓말쟁이로, 그리고 거짓말의 아버지로 여기게 됩니다.

Ich wil aber seine Lügen im Alcoran zusamen fassen in zehen teil. Erstlich leuget er schendlich von sich selbs. Darnach von den Christen, Von den Jüden, Von den Aposteln, Von den Patriarchen,

> imitari eum»; et post: «Certe non convenit legi Dei ut dicatur aliquid sine Deo». Sed falsum et mandacium dicitur sine Deo; nam sicut dicit Augustinus: «Si in evangelio inveniretur una sola falsitas, eadem ratione totum evangelium suspectum haberetur et reprobaretur falsum». Alchoranum autem multa quidem continet vera que habentur in evangelio et lege Moysi et prophetis; sed ipse Mahometus de suo tot manifeste falsa interserit quod totum vere suspectum et falsum reputari debet, et opus illius «qui mendax est et pater eius». 그러나 꾸란의 요나(Ione) 장에서 다음과 같이 말합니다. "말하십시오: 누가 진리로 인도합니까?" 그는 대답합니다. "말하십시오: 신이 진리로 인도합니다. 진리로 인도하시는 분이 진리이시며, 그를 닮아가는 것이 합당합니다." 그리고 나중에: "하나님의 율법 없이 뭔가가 언급되는 것은 확실히 하나님의 율법에 어울리지 않습니다." 그러나 거짓과 위선은 하나님 없이 언급됩니다. 어거스틴이 말했던 것과 같습니다.: "만일 복음에서 단 하나의 거짓이 발견된다면, 같은 이유로 전체 복음서가 의심되고 거짓은 거부되었을 것입니다." 그러나 꾸란은 복음서, 모세와 선지자들의 율법에 있는 많은 진리들을 포함하고 있습니다. 그러나 무함마드는 자신은 그에게서 너무나도 명백한 거짓을 삽입했습니다. 이것은 완전히 의심스럽고 거짓된 것으로 간주되어야 할 것입니다. 그의 작품은 «거짓이며, 그 (거짓)의 아버지»입니다. 『Contra legem Sarracenorum. 리콜도의 사라센 논박 역주』, 125-126.

Von den Teufeln, Von den Engeln, Von der jungfrawen Maria, Von Christo, Von Gott.

그러나 나는 꾸란에서 그의 거짓말을 10개로 요약하고자 합니다. 먼저 그는 자신에 대해 부끄럽게 거짓말을 합니다. 그런 다음 그리스도교인들에 대하여, 유대인들에 대하여, 사도들에 대하여, 족장들에 대하여, 마귀들에 대하여, 천사들에 대하여, 동정녀 마리아에 대하여, 그리스도에 대하여, 하나님에 대하여 거짓말을 합니다.

Von jm selbs leuget er also, Das er sey das Ende, Sigel und Schweigen (oder auffhören) aller Propheten. Und gebeut zu tödten alle die, so sich nach jm fur Propheten aus geben. Da wider sagen nicht allein die Jüden und Christen (wie denn Gottes hand durch Mahmet nicht verkürtzt ist), das viel bey jnen nach dem Mahmet Propheten sind, oder den geist der Prophecey gehabt haben, Sondern auch sie selbs namen einen Propheten an zu Babylon, der Solem (das ist Leitter) hies, Welchen die Tattern erschlugen, und mit jm nicht ein geringe Menge der Sarracenen.

그래서 그는 자신이 모든 선지자들의 마지막이며, 봉인이며, 침묵(또는 중단) 이라고 거짓말을 합니다. 그리고 자기를 따라 선지자라고 주장하는 자들을 모두 죽이라고 명령했습니다. 이에 대하여 유대인과 그리스도교인들은 (하나님의 손이 무함마드를 통하여 짧아지지 않았던 것처럼) 그들 중 많은 사람들이 무함마드를 따르는 선지자이거나 예언의 영을 가졌다고 말할 뿐만 아니라 그들 스스로도 바빌론의 선지자 즉 솔렘(Solem, 사다리)이라 불렸으며, 타타르인들이 그들과 소수의 사라센인들을 죽였습니다.

Von den Christen leuget er, das sie Gotte einen gesellen geben, Das ist eine offenberliche Lügen, Denn die Christen in der galtzen welt sagen, das Gott einig und unzerteilet sey, ja das nichts einigers ist, denn die Gottheit oder Göttlich wesen.

그는 그리스도인들이 하나님께 동역자를 주었다고 거짓말을 합니다. 그것은 뻔뻔스러운 거짓말입니다. 왜냐하면 온 세상의 그리스도인들은 하나님이 한 분이시며 나누어지지 않으신다고 말하기 때문입니다. 그분은 여럿이 아닙니다. 신성 혹은 신적인 본성이시기 때문입니다.

Weiter leuget er im Cap. Telteumpe (das heisst Busse), das die Christen jre Bisschove, Pfarherr und Münche fur Gott halten. Das ist ja öffentlich erlogen, Wie wol Mahmet solchs redet aus unverstand der sprachen. Denn die Christen und Persen und allen Morgenlendern nennen jre Bisschove, pfarherrn, Münche oder geistlicht Rampan (das heisst Meister oder Oberherr), Aber Arabisch ist Rampa Gottes namen und heisst HERR, so doch, das es allein Gott bedeute, Gleich wie bey uns Gott HERRe heisst, Und wenn man von Gott redet, so ists allein Gottes name. Sonst heissen auch Menschen herre, Darumb nötigt sich hierin Mahmet als ein feind mit lügen zu uns Christen.

그는 회개를 뜻하는 텔토임페(Telteumpe) 장에서 그리스도교인들이 주교,

신부, 수도승들을 신격화시킨다고 계속 거짓말을 합니다. 얼마나 이해가 안 될 정도로 그러한 말을 하는지 그것은 공공연한 거짓말입니다. 그리스도인, 페르시아인, 동방 그리스도교인들은 주교, 신부, 수도사들을 영적인 람판(주인을 의미함)이라고 부릅니다. 아랍어로 하나님의 람파(Rampa)는 주를 의미합니다. 주는 오직 하나님을 의미합니다. 우리에게 있어서 하나님은 주님을 의미합니다. 사람이 하나님에 대하여 말한다면, 오로지 하나님의 이름입니다. 그렇지 않으면, 사람들을 영주라고 부르기도 합니다. 무함마드는 이렇게 우리 그리스도인들에게 거짓말을 하며, 적으로 만들어 버립니다.

Weiter leuget er, das die Christen Mariam eine Göttin machen, Denn im Capitel Elmaide (das heisst Tissch) füret er Christum ein, wie er sich fur Gott entschüldige, Er habe die welt nicht gelert, das seine mutter eine Göttin sey. Die Christen sagen nicht, das Maria Gott oder Göttin sey, sondern das aller reinest Weibsbilde, Denn das Euangelium nennet sie nicht eine Göttin, sondern ein Weibsbilde, Wer anders von den Christen sagt, der leuget als ein Mahmet oder Teuffel.

그는 그리스도인들이 마리아를 여신으로 만든다고 거짓말을 합니다. 그는 식탁을 의미하는 엘마이데(Elmaide) 장에서 그리스도를 소개하면서, 그의 어머니가 여신이라고 세상에 가르치지 않은 것을 하나님께 사과하기 때문입니다. 그리스도인들은 마리아를 신이나 여신이라고 말하지 않고 가장 순수한 여성상이라고 말합니다. 그리스도인들에 대하여 다르게 말하는 자는

무함마드나 마귀보다 더 거짓말을 하는 사람입니다.³¹

Im selben Capitel spricht er, von den Christen und Jüden, Sie können nicht Gottes kinder oder liebe freunde sein. Denn sie müssen viel leiden wie die sünder. Das ist ja auch falsch, denn die Schrifft offt sagt, Gottes Heiligen müssen viel leiden, auch den tod. Und wo bleiben die heiligen freunde Gottes, die Sarracenen, die von den Tattern so manche staupe haben leiden müssen?

그는 같은 장에서 그는 그리스도인과 유대인에 대하여, 그들이 하나님의 자녀나 사랑하는 친구가 될 수 없다고 말합니다. 그들은 죄인들처럼 많은 고통을 받아야 하기 때문입니다. 그것은 또한 잘못된 것입니다. 왜냐하면 성경은 자주 하나님의 성도들이 죽음을 포함하여 많은 고통을 받아야 한다고 말하기 때문입니다. 그리고 타타르인들로 인해 많은 역경을 겪어야 했던 하나님의 거룩한 친구 사라센인들은 어디에 있습니까?³²

---

31 Preterea ipse dicit de christianis quod deificant Mariam, et inducit in capitulo Elmeyde, quod interpretatur "mensa", quasi Christus se excuset apud Deum quod non dixit mundo quod mater sua esset Deus. Et certe neque hoc christiani dicunt, scilicet quod beata Maria sit deus vel dea, sed dicunt quod fuit purissima mulier. Nam evangelium eam non deam vocat vel angelam sed «mulierem». 더욱이 그는 그리스도교인들에 대하여 그들이 마리아를 신성시한다고 말합니다. 그리고 "식탁"을 의미하는 엘메이데(Elmeyde) 장에서 마치 그리스도께서 그의 어머니가 하나님이라고 세상에 말하지 않았다고, 하나님께 자신을 변명하는 것처럼 소개합니다. 그런데 확실히 그리스도교인들은 복되신 마리아를 신이나 여신이라고 말하지 않고 가장 순수한 여성이라고 말합니다. 왜냐하면 복음서는 그녀를 여신이나 천사가 아니라 여성이라고 부르기 때문입니다. 『Contra legem Sarracenorum. 리콜도의 사라센 논박 역주』, 130.

32 Preterea, ipse inducit in capitulo Elmeyde, quod interpretatur "mensa", de christianis et etiam de iudeis quod ipsi non sunt filii Dei nec amici Dei; quod probat per hoc quod «affliguntur, ut dicit, pro peccatis». Sed ista est manifeste falsa probatio; nam «multe tribulationes iustorum», et sicut apostolus dicit ad Hebreos «Flagellat Deus omnem filium quem recipit». Alias tamen et iusti et impii flagellantur a Deo; nam et

Von den Jüden leuget er, Denn im Capitel Telteumpe (Busse) spricht Mahmet, Das die Jüden Eleasar zum Gott machen und leren, Er sey Gottes Son. Das ist ja öffentlich erlogen. Denn die Jüden keinen Menschen zu Gott machen, noch Gottes son heisssen. Weiter leuget er im Capitel Elnasa (frawen), das die Jüden sagen sollen, Sie haben getodtet Jhesum Christum, Marien Son, den Apostel Gottes. So sagen die Jüden nicht, Denn sie halten Jhesum nicht fur Christum, noch fur Gottes Apostel, sondern fur einen bosen menschen, den sie umb Gottes lesterung willen getodtet haben.

그는 템토임페(Telteumpe, 회개) 장에서 유대인에 대해 거짓말을 합니다. 유대인들이 엘레자르(Eleazar)를 신으로 만들고 그가 하나님의 아들임을 알게 되었다고 가르친다고 합니다. 그것은 공공연한 거짓말입니다. 유대인은 사람을 하나님으로 만들지 아니하며 하나님의 아들이라 부르지 않습니다. 그는 엘나사(Elnasa, 여성) 장에서 유대인들이 하나님의 사도인 예수 그리스도를 죽였다고 거짓말을 합니다. 유대인들은 예수를 그리스도나 하나님의 사도가 아니라, 신성모독으로 인하여 그들이 죽인 악한 사람으로 여깁니다.

---

ipsi saraceni grauissime flagellati sunt a tartaris, qui legem non habent. 더욱이 그는 "식탁"으로 번역되는 엘메이데(Elmeyde) 장에서 그리스도교인들과 유대인들에 대하여 그들이 하나님의 아들들도 아니고 하나님의 친구들도 아니라고 소개합니다. 그는 "그가 말하신 대로 그들이 죄로 말미암아 고난을 받는 것"이라고 증명하고 있습니다. 그러나 이것은 분명한 거짓된 증명입니다. 왜냐하면 사도가 히브리인들에게 "하나님은 그가 받아들이시는 아들마다 채찍질하십니다."라고 말한 것처럼, "의인에게는 많은 고난"이 있기 때문입니다. 그러나 다른 때에는 의인뿐만 아니라 불경건한 사람들도 하나님으로부터 채찍을 맞습니다. 왜냐하면 사라센인들도 율법이 없는 타타르인들에게 매우 심하게 채찍을 맞았기 때문입니다. 『Contra legem Sarracenorum. 리콜도의 사라센 논박 역주』, 130.

Von den Aposteln leugter im Capitel Abraham (welchen sie Moses Vater nennen), Das sie zu Christo gesagt haben, sie sein Sarracenen und nachfolge des Apostels Mahmet. Das ist ja öffentlich erlogen, Denn die Apostel und Christus sind uber sechs hundert jaren fur dem Mahmet gewest, Und Mahmet ist herfur komen zur zeit Heraclij, welcher anfieng zu regieren Anno Domini sechs hundert und zwelffe. Und sind jtzt bey sieben hundert jaren, das Mahmet gewest ist, Es sind aber jtzt mehr denn tausent und zwey hundert jar, das Christus geborn ist. Wie können denn die Apostel Saracen sein? So er selbs im Capitel Elcamnar sagt, Es sey jm von Gott geboten, das er solle der erst Saracen sein. Ist er der erst Saracen, so leuget er, das die Apostel Saracenen sollen gewest sein, Sind sie Saracenen gewest, So leugt er, das er der erst Saracen sey.

그는 아브라함(Abraham, 그들이 모세의 아버지라고 부름) 장에서 사도들에 대하여 거짓말을 했습니다. 그들이 그리스도에게 그들이 사라센인이며 사도 무함마드의 후계자라는 것은 공공연한 거짓말입니다. 왜냐하면 사도들과 그리스도는 무함마드 이전 600년 전에 있었기 때문입니다. 무함마드는 주의 해 612년에 통치를 시작했습니다. 헤라크리우스(Heraclij) 시대에 왔기 때문입니다. 그리고 이제 무함마드가 태어난 지 700년이 되었습니다. 그러나 이제 그리스도가 태어난 지는 1,200년이 되었습니다. 그러면 사도들이 어떻게 사라센인이 될 수 있습니까? 그는 엘캄나르(Elcamnar) 장에서 자신이 말했던 것처럼, 그가 첫 번째 사라센인이 되어야 한다는 하나님의 명령을 받았습니다. 그가 최초의 사라센인이라면 사도들이 사라센인이었다는 것은 거짓말이며, 그들이 사라센인이었다면 자신이 최초의 사라센이라는 것도 거짓말입니다.

Von den Patriachen leugt er eben dasselbige, das Abraham, Isaac, Jacob, und jre Kinder Saracenen gewest sind. Wie er das an vielen örten im Alcoran setzt. Von Noe sagt er des gleichen. Er sey ein Saracen gewest. Ja er spricht, Die Sindflut sey drumb komen uber die Erden, das er den Leuten predigte, sie solten Saracenen werden, und sie wolten nicht8. Die Lügen ist ja so greiflich als die vorige. Wie kan Noe ein Saracen sein, der wol uber zwey tausent und sechs hundert jaren fur Mahmet gewest? So doch Mahmet der erst Saracensein wil.

그는 족장들에 대해 아브라함, 이삭, 야곱, 그리고 그들의 자녀들이 사라센인이라고 똑같이 거짓말을 합니다. 꾸란의 여러 곳에서, 그는 노아(Noe)도 마찬가지라고 말합니다. 그는 사라센이었습니다. 그렇습니다. 그(노아)가 사람들에게 그들이 사라센인이 되어야 한다고 설교했기 때문에 대홍수가 지구를 덮쳤다고 언급합니다. 이 거짓말은 이전의 거짓말처럼 명백합니다. 어떻게 노아가 무함마드 이전 2,600년 전에 사라센인이 될 수 있습니까? 무함마드가 최초로 사라센인이 되고 싶었던 것입니다.

Weiter liegen die Saracenen auch, da sie sagen, Gott habe Mahmet verheissen, das niemand fur jm ins Paradis komen solle, Darnach nam jn Gott, und furet jn ins Paradis, Da sahe er viel Menner und Frawen und sprach: 'Herr, was isst das?' Gott aber sprach zu jm: 'Wunder dichs nicht, Diese sind alle deine Nachfolger'. Nu ists nicht müglich, Mahmets Nachfolger sein on durch den Alcoran, der ist aber fur Mahmet nicht offenbart, wie es an vielen örten drinnen, und sonderlich forn an geschrieben stehet. Aber solche grobe Lügen darff nicht viel verlegens bey dem, der ein wenig vernunfft hat.

더 나아가 사라센인들은 거짓말을 합니다. 하나님이 그를 위하여 천국에 오지 말라고 약속하셨다고 합니다. 그 후에 하나님께서 그를 천국으로 인도했습니다. 그곳에서 그는 수많은 남성들과 여성들을 보았습니다. '주여, 이것은 무엇입니까?' 하나님께서 그에게 말씀하십니다.: '놀라지 말라, 이들은 너의 추종자들이니라' 꾸란 없이 무함마드의 추종자가 되는 것은 불가능합니다. 그러나 이것은 여러 곳에서 특별하게 씌여 있는 것처럼, 무함마드를 위하여 공개되지 않았습니다. 그러나 그러한 조잡한 거짓말은 약간이라도 합리적인 사람에게 있어서, 아주 당황스러운 일은 아닙니다.

Von den Teuffeln leugt er, denn er setzt davon ein sonderlich Capitel im Alcoran und spricht daselbst frey heraus, das ein grosse menge der Teuffel fro worden sind, da sie vom Alcoran höreten, und haben bekand, Sie mügen durch denselbigen selig werden, und haben sich auch Saracenen genand, und sind also selig worden. Wie grob diese lügen sey, darff keines beweisens.

그는 마귀에 대하여 거짓말을 합니다. 꾸란의 특별한 장에서 많은 수의 마귀들은 꾸란을 듣고 구원을 받았으며, 사라센인들도 구원을 받았다고 말합니다. 이 거짓말이 얼마나 심한지 아무도 증명할 수 없습니다.

Von den Engeln leugt er, das sie alle haben Adam angebetet, on der Teuffel. Item er leuget, da er spricht, da er zu Gott mit dem Engel komen sey, habe er einen Engel gesehen, tausent mal grösser denn die welt ist, der habe seine sünde beweinet, und Mahmet habe jm durch sein gebet gnade erlanget. Und viel andere grösser lügen setzt er, davon wir hernach in seinem falschen gesicht sagen wollen.

그는 천사들이 모두 아담 또는 마귀를 숭배했다고 거짓말을 합니다. 그는 그가 천사와 함께 하나님께 나아갔으며, 세상보다 천 배나 더 큰 천사를 보았고, 그 천사가 그의 죄 때문에 울었다고, 무함마드는 그의 기도를 통해 은혜를 받았다고 거짓말을 합니다. 그리고 그는 나중에 그의 거짓된 얼굴에서 말하고 싶은 더 큰 거짓말을 많이 합니다.

Item, er helt, das die Engel greiflichen Leib haben, Denn im Capitel Sad spricht er, die Engel seien aus Fewr, die Menschen aus Erden gemacht. An andern örten sagt er, das sie grosses raumes sind, wie hinden nach folgen wird.

그는 천사가 만질 수 있는 몸을 갖도록 도와줍니다. 그는 사드(Sad) 장에서 그는 천사가 소수의 땅 위의 사람들로 만들었다고 말하기 때문입니다. 그는 다른 곳에서 그들에게 큰 영역이 뒤따를 것이라고 말합니다.

Von Maria leugt er, und sagt im Capi. Abraham öffentlich, Sie sey Abrahams tochter. Aram aber ist der Vater Mose und Aaron gewest. Und im Capitel MarJem, das ist Maria, stehet, das Maria, die Mutter Christi, sey Aarons schweter gewest. War ists, das Moses und Aaron hatten ein schwester, Maria genennet, und waren alle drey eines Vater Aram Kinder, wie Exod.ij. stehet. Aber zwischen jener Maria und dieser Maria, der Mutter Jhesu Christi, sind uber tausent fünffhundert jar, Und jene Maria ist gestorben in der Wüsten, da Moses die Kinder Israel aus Egypten furet. Solch öffentliche Lügen hat Gott lassen den Mahmet liegen, auff das ein jeglicher sich fur seiner triegerey leichtlich hüten kundt.

그는 아브라함(Abraham) 장에서 마리아에 대해 공개적으로 거짓말을 합니다. 그녀는 아브라함의 딸입니다. 그러나 아람(Aram)은 모세와 아론의 아버지였습니다. 그리고 마리아라고 불리는 마르젬(Marjem) 장에서 그리스도의 어머니인 마리아는 아론(Aaron)의 누이였다고 말합니다. 모세와 아론에게는 마리아라는 누이가 있었고, 출애굽기 2장처럼, 아버지 아람의 세 자녀였습니다. 그러나 그 마리아와 예수 그리스도의 어머니 마리아 사이에는 1,500년이 넘었고 모세가 이스라엘 자손을 애굽에서 인도하는 동안 광야에서 마리아가 죽었습니다. 하나님은 무함마드가 거짓말을 하게 내버려 두었습니다. 누구든지 거짓말로 자신을 보호하게 만드셨습니다.

Von Christo leuget er also, das Christus noch nie von sich selbs gesagt habe, das er Gott und Gottes Son sey, Sondern entschüldige sich bey Gott, Er habe die Welt solchs nicht geleret. Das ist ein öffentliche Lügen, Denn Johan. xiiij. spricht er: 'Gleubt jr an Gott, so gleubt jr auch an mich'. Und Johan. v. da er sich Gottes Son nennet, wolten jn die Jüden steinigen, und sprachen: 'Er machet sich Gotte gleich', und der sprüche viel in Johan. stehen, da er sich Gott gleich nennet. Wenn nu Mahmet wolt seinen eigen worten gegleubt haben, da er spricht, Man solle das Euangelium zu zeugen nemen zu seinem Alcoran (wie droben gesagt), So müste er sein lügen maul selbst straffen, das er sagt, Christus habe sich nicht Gottes Son genennet, oder Gotte gleich gerhümet, oder müste darin liegen, Das er das Euangelijm zum zeugen seines Alcoran füret.

그는 그리스도께서 자신에 대하여 말한 바 없으시고, 하나님과 하나님의 아들이라고 자신에 대하여 말한 바 없으시며, 오히려 하나님께 겸손하게 그러한 것들을 세상에 가르치지 않으셨다고 거짓말을 합니다. 이것은 공공연한 거짓말입니다. 그리스도는 요한복음 14장에서 말씀하십니다.: '너희가 그 분을 믿으면, 나를 믿는 것이다.' 요한복음 5장에서는 그가 자신을 하나님의 아들이라고 칭하여 유대인들이 그를 돌로 치고자 하였습니다. 유대인들은 이렇게 말했습니다.: 그는 자신을 하나님과 동등하게 만듭니다. 요한복음에는 그리스도께서 자신을 하나님과 동등하다고 하신 많은 말씀들이 있습니다. 무함마드가 자신의 말들을 믿기를 원했을 때, 그는 (위에서 언급했던 것처럼) 복음서가 꾸란으로 인도한다고 말합니다. 그는 자신의 거짓말하는 입을 벌해야 합니다. 그는 그리스도께서 자신을 하나님의 아들이라고 하신 적이 없으시고, 하나님과 동등하다고 자랑한 적이 없다고 말했습니다. 그는 복음서를 꾸란의 증언이라고 거짓말을 합니다.

Weiter sagt er, Christus sey nicht gecreutziget noch gestorben, Sondern Gott werde jn am ende der Welt lassen sterben etc. Helt

Mahmet das Euangelium fur recht,(wie er rühmet), warumb leuget er denn wider das Euangelium? Helt ers fur falsch, warumb rhümet ers? Denn droben beweiset ist, das der Mahmet leuget, da er sagt, Das Euangelium sey gefelschet in aller welt. Und viel schendlicher lügen leuget er von Christo wider das Eungelium, welchs er so hoch rhümet.

그는 계속해서 그리스도는 십자가에 못 박히지도 않고 죽지도 않았지만, 하나님은 그를 세상 끝에 죽게 내버려 두실 것이라고 말했습니다. 만약 무함마드가 복음서가 옳다고 생각한다면(자신이 자랑하듯이) 복음서를 부인하는 이유는 무엇입니까? 자기가 틀렸다고 생각한다면 왜 자랑합니까? 왜냐하면 무함마드가 복음이 전 세계적으로 위조되었다고 말할 때 부인한 것이 위에서 증명되었기 때문입니다. 그리고 훨씬 더 부끄러운 거짓말은 그가 그토록 높이 찬양하는 복음서에 반대하여, 그리스도를 부인하는 것입니다.

Von Gott leuget er sicher daher wider das Euangelium, von jm gelobt als die warheit. Das ummüglich sey Gott, einen Son zu haben, denn er hat kein Weib, Und solchs zeucht er jmer an, als sey es ein fester köstlicher grund. Aber solche klugheit ist eben, als wenn ich spreche, Gott kan nicht leben, den er isst und trincket nicht, kacket und pisset nicht, rotzet und hustet nicht. Die Christen wissen wol, wie Gott einen Son haben kan, und ist nicht not, das Mahmet uns lere, wie Gott müste zuvor ein Man sein, der ein Weib hette, einen Son zu zeugen, oder ein Farre, der eine Kue hette, ein Kalb zu zeugen, Wie ist der Mahmet in dem Frawe fleisch ersoffen, in allen seinen gedancken, worten, wercken, kan fur solche brunst nichts rede noch thun, es mus alles fleisch, fleisch, fleisch sein.

그러므로 그는 진리라고 찬양받는 복음서를 반대하며 하나님에 대하여 거짓말을 합니다. 하나님은 아내가 없기 때문에, 아들을 낳기가 불가능합니다. 그는 이것이 매우 확고하고 귀중한 이유라고 속삭입니다. 그러한 교활한 말은 하나님이 먹고 마시지 않고, 대소변을 하지 않으며, 침을 뱉고 기침을 하지 않기 때문에 살 수 없다는 것과 똑같습니다. 그리스도인들은 어떻게 하나님께서 아들을 가질 수 있는가를 잘 알고 있습니다. 무함마드가 우리에게 하나님이 먼저 아들을 낳을 수 있는 부인을 가진 남성이 되어야 한다고 가르칠 필요는 없습니다. 송아지를 낳는 암소를 가진 수소가 될 필요는 없는 것입니다. 무함마드는 여성의 육체에 빠져, 그러한 욕정을 위하여 그의 모든 생각, 말, 행동을 할 수 없습니다. 모든 것이 육신, 육신, 육신이어야 합니다.[33]

---

33 De Deo vero simpliciter asserit quod nullo modo potest habere filium quia non habet uxorem. Et hoc, pro efficaci argumento, frequentissime repetit. Hoc autem argumentum simile est ac si diceret quod Deus non est substantia quia non habet accidens, vel quod Deus non vivit quia non comedit nec respirat. Fatua et phantastica est talis imaginatio et hominis intellectu et ratione carentis. Non enim christiani dant Deo filium tanquam ex muliere, sed sicut est calor ab igne, splendor a sole et verbum a dicente; que omnia vere nasci et generari dicuntur, et non ex uxore. 그러나 그는 하나님에 대하여, 그가 부인이 없기 때문에 결코 아들을 가질 수 없다고 단순하게 주장합니다. 그리고 그는 이것을 효과적인 논증을 위하여, 자주 반복합니다. 그러나 이 논증은 마치 그가 하나님께는 우연이 없기 때문에 실체가 아니며, 하나님은 먹지도 않고 숨도 쉬지 않기 때문에 살지 않는다고 말하는 것과 유사합니다. 그러한 상상은 어리석음이고 환상이며, 인간의 지성과 이성이 결핍된 것입니다. 그리스도교인들은 여성으로부터 낳은 아들을 하나님께 드리는 것이 아닙니다. 이것은 불의 열기, 태양의 광채 그리고 말씀하시는 분의 말씀과 같은 것입니다. 모든 것들이 진정으로 태어나고 잉태된 것이라고 말합니다. 아내로부터 낳은 것이 아닙니다. 『Contra legem Sarracenorum. 리콜도의 사라센 논박 역주』, 140-141.

Und warumb nennet Mahmet Christum, Marias Son, Gottes wort, Gottes Geist? Ist er ein mündlich wort Gottes, wie aller Propheten wort Gottes wort heisst, So hat er hiemit Christum nicht hoch gelobt, den er doch uber alle Menschen hoch hebt, Denn so müste er auch des Mahmets wort sein, als des Apostels Gottes. Und umb solchs mündlichen worts willen dürffte Gott nicht als zween reden (wie durch und durch im Alcotan geredt wird): Wir, Wir, denn es laut nicht, das ein redener wolt sich und sein wort nennen: Wir. Helt er aber Christum fur ein ewiges wort, das allzeit mit Gott gewest, warumb leuget oder leugnet er denn, das er Gott oder Gottes Son sey on Weib geborn, denn wort oder Geist kan nicht von Weibern geborn werden.

그리고 왜 무함마드는 그리스도를 마리아의 아들, 하나님의 말씀, 하나님의 영이라고 부릅니까? 모든 선지자들이 하나님의 말씀이라고 부르는 것처럼 그것이 하나님께서 입으로 하신 말씀이라면 그는 그리스도를 높이 찬양한 것이 아닙니다. 그는 그럼에도 불구하고 모든 사람보다 높입니다. 그 또한 하나님의 사도로서의 무함마드의 말씀이 되어야 합니다. 입으로 하신 말씀으로 인하여 하나님은 두 분이 말씀하신 아니었습니다. (전체 꾸란에서 언급되는 것처럼): 우리는, 우리는 시끄럽지 않게 말하는 사람이 되고 싶고, 그의 말씀을 부르고 싶습니다: 우리. 그가 그리스도를 영원한 말씀으로 여긴다면, 왜 그가 하나님 혹은 여인의 몸에서 태어난 하나님의 아들이라는 사실을 부인하는 것입니까? 말씀과 영은 여인에게서 태어날 수 없기 때문입니다.[34]

---

34 Dicunt igitur christiani Christum, qui est verbum Dei, esse filium Dei. Et quasi hoc idem dixit Mahometus de eo, licet nesciens et non intelligens. Dicit enim in alchorano,

Im Capitel Elminim leuget er also, Wo Gott einen Son hette, stünde die Welt in grosser fahr, Sie möchten uneins werden. Denn er denckt, Gott ist nichts höher weder ein Mensch, dem der Son ungehorsam werden mag. Wiewol es wunder ist, das er hie nicht auch anzeigt, der Frawen farre, das sie umb einer Huren willen (wie bösen Buben) uneins werden möchten, wie er uneins ward mit Zeith seinem Haushalter umb seines Weibs willen, ut supra.

그는 엘미님(Elminim) 장에서 거짓말을 합니다. 하나님이 아들을 낳은 곳에서는 세상이 큰 위험에 처할 것이며, 그들은 분열되기를 원합니다. 그는 하나님보다 더 높은 것은 없으며 아들이 순종하지 않는 사람도 없다고 생각합니다. 그가 여기서 아내를 위해 창녀(악한 소녀와 같은)와 관계를 가지고 싶다고 표현하지 않는 것이 얼마나 놀라운 일입니까? 위에서 언급한 것처럼, 어떻게 그는 그의 아내의 하인인 자이트와 관계를 원했는가에 알고 있습니다.[35]

---

in capitulo Elnesa, quod interpretatur "mulieres", quod «Iesus Christus filius Marie est verbum Dei et spiritus ex Deo». Quare igitur non dicebat Mahometus quod Deus non potest habere verbum nec spiritum quia non habet uxorem? Querendum est itaque a saracenis quod querant a Mahomet, cum dicit quod Christus est verbum Dei et spiritus ex Deo, utrum dicat de spiritu et verbo Dei accidentali vel essentiali, id est creato vel increato. 따라서 그리스도인들은 하나님의 말씀이신 그리스도를 하나님의 아들이라고 말합니다. 그리고 마치 무함마드가 그에 대해 한 말처럼, 무함마드는 무지하고 이해하지 못했습니다. 그는 꾸란에서 "부인"으로 번역된 엘네사(Elnesa) 장에서 "마리아의 아들 예수 그리스도는 하나님의 말씀이며 하나님의 영"이라고 말합니다. 무함마드는 하나님은 부인이 없기 때문에, 말씀과 영을 가질 수 없다고 말하지 않았을까요? 무함마드가 그리스도가 하나님의 말씀이요 하나님의 영이라고 말할 때 그가 영과 하나님의 말씀에 대하여 우연적이거나 본질적인 것이라고 했는가에 대하여 질문해야 합니다. 이는 창조한 것인지, 창조된 것인가에 대한 질문입니다. 『Contra legem Sarracenorum. 리콜도의 사라센 논박 역주』, 142.

35 Preterea dicit Mahometus de Deo in capitulo Elmuminin quod si haberet filium, quod totus mundus esset in periculo; esset enim inter eos scisma. Hec suppositio falsissima est. Supponit enim quod Deus non posset habere filium nisi malum et

Item Mahmet leuget im Capitel Elezar, das Gott und die Engel beten fur Mahmet und fur die Sarracenen etc. Von den Engeln wil ich jtzt nichts sagen. Lieber, wenn und wo, oder wie bettet Gott fur sie? Oder wen bittet er fur sie? Bittet er die Engel oder Menschen, oder sich selbs, oder die Teuffel? Und wenn alles sonst müglich were, so köndte er ja sich selbs nicht bitten, weil Mahmet dringet, es sey nichts denn ein eniger Gott.[36]

무함마드는 엘레자르(Elezar) 장에서 하나님과 천사들이 무함마드와 사라센인들을 위하여 기도하고 있다고 거짓말을 합니다. 저는 지금 천사에 대해 어떠한 말도 하지 않겠습니다. 사랑하는 이여, 언제, 어디서, 어떻게 하나

---

    contumacem et inobedientem. Et nos quidem diximus quod filius Dei est verbum Dei et ars Patris, per quem omnia operatur. Verbum autem conceptum et ars operatoris etiam in homine nunquam discrepant ab intellectu concipiente; nisi forte Mahometus blasphemando dicat quod Deus a semetipso discordat in suo intellectu et sua conceptio contradicit ei. 더욱이, 무함마드는 엘무미닌(Elmuminin) 장에서 하나님에 대하여, 하나님이 아들이 있다면 전 세계가 위험에 처할 것이라고 말합니다. 그들 사이에 분리가 있었기 때문입니다. 이 가정은 매우 잘못된 것입니다. 그는 하나님께서 악하고 완고하고 불순종하는 아들 외에는 아들을 가질 수 없다고 가정합니다. 그리고 우리는 참으로 하나님의 아들이 하나님의 말씀이고, 아버지의 기교이시며 그를 통하여 만물을 움직이신다고 말했습니다. 그러나 생각된 말씀과 행위자의 기교는 인간에 있어서 생각하는 지성과는 구별됩니다.; 우연이 아니라면, 무함마드는 하나님이 스스로 자신의 지성과 생각에 모순된다고 불경스럽게 말했던 것입니다. 『Contra legem Sarracenorum. 리콜도의 사라센 논박 역주』, 144.

36 Preterea, Mahometus dicit in capitulo Elehzab quod Deus et angeli eius orant pro Mahometo et aliis saracenis. Sed dimittamus de angelis. Deus autem, quando pro ipsis orat, quem orat? An angelos vel homines aut seipsum? Sed hoc est falsum quod seipsum oret; et maxime secundum Mahometum qui negat incarnationem Verbi, neque in divinis ponit distinctionem aliquam personarum. 더욱이, 무함마드는 엘레자브(Elehzab) 장에서 하나님과 그의 천사들이 무함마드와 다른 사라센인들을 위하여 기도한다고 언급합니다. 그러나 하나님이여, 그들을 위하여 언제 기도하시나이까? 누구에게 기도하십니까? 천사입니까, 사람입니까, 아니면 자신입니까? 그러나 그가 스스로 기도한다는 것은 거짓입니다. 특히 말씀의 성육신을 부인하는 무함마드에 의하면, 그는 하나님 안에서 어떠한 인격을 구별하지 않습니다. 『Contra legem Sarracenorum. 리콜도의 사라센 논박 역주』, 145.

님께서 그들을 위하여 기도하십니까? 그가 그들을 위하여 누구에게 기도합니까? 그는 천사 혹은 사람, 자신, 혹은 마귀에게 기도합니까? 그리고 다른 모든 것이 가능하다면, 그는 자신에게 기도할 수 없습니다. 왜냐하면 무함마드는 한 분의 하나님 이외에 아무것도 없다고 주장했기 때문입니다.

Auch setzt er viel andere Lügen und ummügliche ding. Als im Capitel Elisiar, da er als aus Gottes munde spricht: 'Wenn wir diesen Alcoran etwa auff einen Berg würden schicken, so soltestu wol sehen, wie er sich zerteilen solte fur grosser furcht und zittern fur Gott'. So haben wir droben gehört, wie er gelogen hat, von dem mond zurteilet, und viel mehr lügen, die zu viel sind zu erzelen, das kein vernünfftig mensch gleuben kan, sein Alcoran sey von Gott.

또한 그는 많은 거짓말과 불가능한 것들을 많이 합니다. 그는 엘리시아르 (Elisiar) 장에서 하나님의 입에서 나온 것처럼 말합니다.: '만일 우리가 이 꾸란을 산으로 보낸다면 그가 어떻게 하나님을 두려워하고 떨며 스스로 분열할지를 보게 될 것입니다.' 우리는 위에서 그가 달이 나누어졌다고 얼마나 거짓말을 했는지, 그리고 수많은 거짓말에 대해 들었습니다. 어떠한 이성적인 사람도 그의 꾸란이 하나님으로부터 온 것이라고 믿을 수 없습니다.

Noch sind viel ungereimpter narrenteiding mehr, die bey den Sarracenen fur gewisse warheit gehalten werden, als Glosen oder Comment uber den Alcoran, und stehen klerlich im Comment Mahmet, Von welchen wir (der seer viel sind) ein wenig erzelen wollen.

더욱이 사라센인들이 확실하게 주장하고 있으며, 꾸란 주석을 통하여 어떤 부적합한 점들이 발견되었습니다. 그것들은 무함마드의 주석에서 분명하게 존재하고 있으며, 저는 많은 것들 중 몇 가지를 언급할 것입니다.

Eins ist, das der Himel aus dem rauch gemacht, der Rauch aus dem Nebel des meers, Das Meer aus einem Berge, der heisst Caph, derselb umb ringet die gantze welt und tregt den Himel. Spricht, die Sonne und Mond sind gleich gros, und kein unterscheid unter tag und nacht gewesen, Aber da Gabriel eins mal flog, rüret er mit seinen flügel den Monden, da her ist er trunckeler worden.

하나는 하늘이 연기로, 연기가 바다 안개에서, 바다가 산에서 생겨난 것으로 온 천하를 둘러싸고 하늘을 떠받치고 있다는 것입니다. 해와 달은 크기가 같고 낮과 밤의 차이가 없었지만, 가브리엘이 한 번 날았을 때 날개로 달을 문질러서 어두워졌습니다.

Item er sagt, Die wilde Saw sey geborn aus des Elephanten dreck, Und die Maus aus eines schweines dreck, Die katze aus der stirn des Lewens. Solches deuten sie also: Da Noe mit seinen Kindern und Thieren in der Archa waren, wenn sie auffs heimlich gemach giengen, so wolt die Archa sincken, sonderlich wenn der Elephant da war, Da furcht sich Noe und fragt Gott, der antwortet: 'Gehe daher, und bete an fur seinem hindern eben zum loch, da der dreck heraus gehet'. Da er das thet, gieng der dreck heraus mit einem seer grossen Schwein, der wület nu in dem dreck, wie sein art ist, Da wuchs eine Maus heraus, die fieng an die breter der Archen zu nagen. Da erschracken sie erst recht. Und Noe fraget Gott; der hies jn, Er solt den Lewen auff die stirn schlahen, da gieng eine Wisel (oder Katze) aus seiner Nasen und fras die Maus. Und das sol die ursache sein, darumb sie nicht schweinfleisch essen müssen.

그가 말하길, 멧돼지가 코끼리의 똥에서, 쥐는 돼지의 똥에서, 고양이는 사자의 이마에서 태어났다. 그들이 해석하는 바는 다음과 같습니다.: 코끼리 똥에서, 쥐는 돼지 냄새에서, 고양이는 사자 이마에서 태어났다고 말합니다. 그는 이런 식으로 말합니다. 노아가 아들들과 동물들과 함께 방주에 있는 동안, 그들이 멀리 떨어져 있는 자연으로 나아갈 때, 방주가 기울어져 있었고, 특히 코끼리가 있을 때, 그랬습니다. 그들이 매우 두려워할 때, 노아가 주님께 여쭈어보았습니다. 하나님께서 말씀하셨습니다. "가서 배설물이 나오는 구멍에서, 그가 나오지 않도록 기도하라." 그리고 그는 그렇게 했습니다. 흙에서 큰 돼지가 나왔습니다. 그 돼지에서 쥐가 나와 방주 판자를 갉아먹기 시작했습니다. 그들은 무서워했습니다. 노아는 주님과 상의했습니다.: 그는 사자의 이마를 쳐야만 했습니다. 그때 족제비(혹은 고양이)가 코에서 나와 쥐를 잡아먹었습니다. 이것이 당신이 돼지고기를 먹을 필요가 없는 이유일 것입니다.

Im selbigen Capitel sagt er, Das Gott am ende der Welt wird alle Creatur tödten, auch die Engel und Ertzengel, und wird nichts lebendig lassen, on Gott allein und den Tod, welcher ist ein Engel, der heisst Adriel. Da wird denn Gott dem Adriel gebieten, das er sich selbs tödten solle. Wenn das geschehen ist, wird Gott mit lauter stimme ruffen und sagen: 'Wo sind nu die Fürsten und Herrn der welt?' Und als denn wirds alles wider aufferstehen.

그는 같은 장에서 세상 끝에 하나님이 천사와 천사장을 포함하여 모든 피조물을 죽이고 오직 하나님과 죽음 외에는 아무것도 남기지 아니하실 것이라고 말합니다. 그 천사는 아드리엘(Adriel)입니다. 그러면 하나님은 아드리엘에게 스스로 목숨을 끊으라고 명령하실 것입니다. 그렇게 하면 하나님께서 큰 소리로 부르시며 '세상의 제후들과 영주들이 지금 어디 있느냐?'라고 말씀하실 것입니다. 그러면 모든 것이 다시 부활할 것입니다.

Item Mahmet hat ein Buch geschrieben von zwelfftausent wunderbalichen worten, Da sich nu etliche wunderten und fragten, ob dieselbigen alle warhafftig weren, Antwortet er, Es weren allein dreytausent warhafftig, Die andern aber alle erlogen. Und wenn man nu in diesem Buche etwas falsches findet, sprechen die Sarracenen: o hat doch Mahmet selbs gesagt, Es sey nicht alles war. Und dis stück ist der selben eines, das auch ander bleibt gleichwol warhafftig. So dünckt mich, thun sie auch mit dem Alcorano, Denn wiewol viel lügen drinnen befinden werden, Doch, weil auch etliche warhafftige sprüche drinnen sind, halten sie in fur Gottes wort.

무함마드는 12,000개의 놀라운 단어들을 책에 썼습니다. 일부 사람들이 궁금해하고 그것이 사실인지 물어보았습니다. 그는 3,000개는 사실이며, 나머지는 거짓말이라고 대답합니다. 그 책에서 거짓이 발견되면, 사라센인들은 이렇게 말합니다.: 오 무함마드는 말했습니다. 이 모든 것을 사실이 아닙니다. 이 부분은 다른 부분에서 동일하게 남아 있는 부분입니다. (중복됩니다.) 그들은 꾸란을 이렇게 취급합니다. 그 안에서 많은 거짓말이 있을 것이기 때문입니다. 그럼에도 불구하고 일부 진실한 말들이 있기 때문에, 그들은 그것을 하나님의 말씀으로 여깁니다.

Aber wir Christen wissen, das Gott nicht leuget noch liegen kan. Und wie S. Augustinus spricht: Wo ein einige lügen im Euangelio funden würde, So were es billich zu verwerffen, als ein unnütz gewesch, und kein Euangelium. Quia commune dictum est: Fidei non potest falsum subesse, Lügen kan nicht selig machen, Sondern verdampt, darumb kan der Glaub auff keiner Lügen stehen.

그러나 우리 그리스도인들은 하나님이 거짓말하지 않으시고 하실 수 없다는 것을 알고 있습니다. 성 어거스틴은 말합니다.: 복음서 어디에서 거짓말이 발견됩니까? 무익한 것으로 버리는 것이 정당합니다. 복음서에는 없습니다. 일반적으로 말합니다.: 신앙은 거짓에 굴복하지 않는다(Quia commune dictum est: Fidei non potest falsum subesse). 거짓말은 구원받지 못하게 하며, 정죄됩니다. 거짓말은 신앙의 근거가 아닙니다.

Und halts fur gewis, das die vernüfftigen und gelerten unter den Sarracenen nichts gleuben dem Alcoran, Sondern solch ertichtet lere bey sich verachten müssen. Und das dem so sey, gibt das zeichen zu verstehen, das die selbigen mit andern gelerten öffentlich nicht wollen disputirn, wie ich selbs erfaren habe, Und lassen den Alcoran nicht herfur zihen öffentlich. Und verdreusst sie uber alle masse, Wenn er von andern gelesen wird, Und wollens mit nicht, das er in andere sprache verdolmetscht werde.

그리고 사라센인들 중 합리적이고 학식 있는 사람들은 꾸란을 확실하게 믿지 않습니다, 그리고 꾸란이 만든 교리를 경멸합니다. 제가 경험한 것처럼, 다른 사람들과 공개적으로 토론을 원하지 않는다는 증거가 있습니다. 꾸란을 공개적으로 인용하지 않습니다. 다른 사람들이 꾸란을 읽을 때 짜증을 내며, 다른 언어로 번역되는 것을 원하지 않습니다.

Wir Christen aber, die wir wissen und uns trösten der warheit, die ewig bleibt und kein Licht schewet, reden gern mit andern vom Euangelio, und sind frölich, das andere auch lesen, stürtzens nicht unter den scheffel, setzens auff den Leuchter, das aller welt frey leuchte. Und wündschen, das es in alle sprachen verdolmetscht würde, Und schemen uns nicht, das leiden Christi, (das der Mahmet mit den Sarracenen und Heiden verspotten und verlachen) öffentlich mit schrifften und worten zu bekennen und zu rühmen.

우리 그리스도인들은 영원히 빛이 꺼지지 않는 진리를 알고 위로받으며, 다른 사람들에게 복음서에 대하여 말하는 것을 좋아하며, 다른 사람들이 읽는 것을 기뻐합니다. 그것을 말 아래 두지 않고, 온 세상을 값없이 비추는 등 위에 두십시오. 그리고 그것이 모든 언어로 번역되기를 원합니다. 그리스도의 고난을 부끄러워하지 않고(무함마드는 사라센인들과 이교도들과 함께 조소하고 비웃습니다). 글과 말씀을 통하여 공개적으로 고백하고 자랑합니다.

Das X Capit.

das Mahmets Gesetz Moerdisch, Tyrannisch und wuetig ist.

제10장
무함마드의 법은 살인적이고 강압적이며 분노적이다

Das der Alcoran nicht Gottes Gesetz sein kan, beweiset sich damit, Denn es ist kurtz zu reden Ein Gesetz des todes und wütens, Denn es nicht allein zum ewigen tod füret, sondern auch durch leiblichen tod die leute zu gleuben zwingt, was Mahmet sagt. Wie wol er doch im Capitel Emparaca (das ist Kue) spricht: Zwang ist nicht in Gottes gesetz, denn es ist bereit gescheiden, Recht und unrecht. Aber wo kan grösser zwang sein, denn durch den Mord? Darumb kan das Gesetz nicht von Gott sein, das die leute zwinget.

꾸란은 하나님의 율법이 될 수 없습니다. 간략하게 죽음과 분노의 법이라고 언급됩니다. 꾸란은 영원한 죽음으로 인도할 뿐만 아니라, 사람들로 하여금 육체적 죽음을 믿도록 강요합니다. 무함마드가 말했던 것입니다. 그는 엠파라카(Emparaca) 장에서 말합니다.: 하나님의 율법은 강제성이 없습니다. 정의와 불의는 분리되어 있습니다. 살인보다 더 큰 강압적인 것이 어디에 있겠습니까? 사람들에게 강요하는 법은 하나님의 율법이 아닙니다.

Die Sarracenen heissens mit sonderm hohen namen Elesam, Ein

heilsam Gesetz Gottes, Ja viel mehr, wie gesagt, Ein Mördisch und wütig Gesetz. Aber solche weise war solchem Gesetz und Meister eben, das die leute durch liebe zum Leben und durch furchts des Schwerts bewilligen mussten in den ewigen tod. Die Christen aber widerumb den leiblichen tod und leben verachten und das ewige Leben erlangen. Denn da Mahmet, oder viel mehr sein Meister der Teuffel, sahe, das sein Gesetz wider Gotts gesetz im Newen testament were, Auch wider sich selbs, Und kein grund noch wunderzeichen hette, und voller greifflicher Lügen stecket, kund er wol dencken, das viel jm würden einreden und widersprechen. Darumb gab er jm sein eigen rechtes werckzeug, das Schwert, zu tödten. Und daher setzt er in seinem Alcoran ein Gebot, das man alle die tödten solle, so diesem Gesetz widerstreben und nicht gleuben, Darumb er auch nicht in einem Capitel, sondern durchs gantze Buch als ein gemein Gebot spricht: 'Tödtet, tödtet'.

그러나 사라센인들은 신의 구원의 법을 엘레삼(Elesam)이라고 부릅니다. 이미 언급한 것처럼, 이 법은 살인과 분노의 법입니다. 하지만 그러한 법은 사람들이 영원한 죽음 앞에서 생명에 대한 사랑과 칼에 대한 두려움으로 인해 동의해야만 하는 그런 법과 주인에 버금가는 것이었습니다. 그러나 그리스도인은 육신의 죽음과 삶을 경멸하며 영원한 생명을 얻습니다. 무함마드 혹은 그 악마의 주인의 법은 신약성경의 하나님의 율법에 어긋나는 것입니다. 자신에게도 어긋납니다. 기적의 표징도 없고, 명백한 거짓말로 가득 차 있습니다. 그는 많은 사람들이 그에게 말하고 반대할 것이라고 생각했기 때문에, 사람들을 죽이는 칼을 주었던 것입니다. 이로써 꾸란에 이 법을 거부하고 믿지 않는 자를 죽여야 한다는 계명을 정한 것입니다.[37] 그는 한 장에서만이 아니라 책 전체에 걸쳐 '죽여라, 죽여라'라고 말합니다.

Aber uns Christen leret Christus, das wir Feinde lieben, fur die verfolger beten und den beleidigern guts thun sollen. S. Augustinus zwar spricht: 'Ein Mensch mag gezwungen werden, das er mit dem munde bekenne, Er gleube, Aber das sein Hertz zu gleuben soll gezwungen werden, das ist nicht müglich'.

그리스도께서는 우리 그리스도인들에게 원수를 사랑하고 박해하는 자들을 위하여 기도하며, 모욕을 준 자들에게 선을 베풀라고 가르치셨습니다. 성 어거스틴은 말합니다. '입으로 고백하도록 강요받을 수 받을 수 있지만, 마음이 믿도록 강요할 수는 없습니다.'

Also lieset man, das zum Mahmet sein Vetter, seins Vaters bruder, bracht ward, der sprach: Wie, lieber Vetter, du son meines bruders, wenn ichs nicht thette? Antwortet Mahmet: o Vetter, so tödte ich dich. Er aber sprach: kans denn nicht anders sein? Nicht anders, sprach Mahmet. Da sagt sein Vetter: Wolan, ich will dir folgen, allein mit der Zungen, nicht mit dem Hertzen, aus furcht des Schwerts.

---

37 Hec est plane via contraria Christo, qui mandat diligere inimicos, orare pro persequentíbus, benefacere ledentibus se. Hic Mahometus fuit antichristi precursor, qui «filio perditionis» viam preparauit in mundo. 이것은 분명하게 원수를 사랑하고 박해하는 자를 위하여 기도하며, 자신을 해친 자들에게 은혜를 베풀라고 명하신 그리스도와는 반대되는 길입니다. 무함마드는 세상에서 "멸망의 아들"의 길을 예비한 적그리스도의 선구자였습니다. 『Contra legem Sarracenorum. 리콜도의 사라센 논박 역주』, 154.

그래서 그는 그의 아버지의 형제의 (아들인) 사촌인 무함마드에게 가게 되었습니다. 그는 말했습니다.: 친애하는 사촌이여, 내 형제의 아들이여, 내가 그렇게 하지 않는다면 어떻게 하시겠습니까? 무함마드가 대답합니다. 내가 당신을 죽일 것입니다. 그러나 그는 말했습니다.: 그렇지 않으면 안 될까요? 무함마드는 다른 것이 있을 수 없다고 말했습니다. 그러자 그의 사촌이 말합니다.: 나는 칼이 무서워서 마음으로가 아니라 오직 혀로 당신을 따르겠습니다.

Und Omar, der son Catem padi, gezwungen, sprach: Herr, du weissest, das ich allein aus furcht des todtes ein Sarracen werde. Also ward der son Empiasca auch aus furcht des Schwerts ein Sarracen, Der sandte Briene gen Meecha (welche ein Weib in jren Haren verborgen bracht), darin er sie in der stad warnete von der zukunfft Mahmet, da sie sich hüten solten fur der gewalt der Lere des Mahmets.

카템 마디(Catem Maadi)의 아들인 호마르(Homar)도 "주님, 당신은 제가 오직 죽음을 두려워하여 사라센이 되었다는 것을 알고 계십니다."라고 말해야만 했습니다. 에비 하스타(Eby Hastaa)의 아들조차도 칼에 대한 두려움으로 인하여 사라센인이 되었습니다. 거기서 그는 그 여자가 그의 머리털 사이에 숨겨둔 편지를 메카(Meecha)에 보내어 무함마드의 교리의 폭력으로부터 보호하기 위해 무함마드가 도착했다고 그들에게 보고했습니다.

Und hie ist zu mercken, das vierley sind, die Mahmets jrthum halten. Die ersten, so durch des Schwerts furcht hinein komen sind (wie gesagt), Welche noch wol wider kereten, so sie nu den jrthum erkennen, wenn sie fur furcht des Schwerts thürsten. Die andern, so durch den Teuffel betrogen, gleuben, das solche Lügen die warheit sey. Die dritten, So nicht wollen von jrer vorfaren Glauben lassen, und sprechen, Sie gleuben, wie jre vorfaren gegleubet haben, Und dies sinds, so zuvor abgöttisch gewesen, des Mahmets Secten besser achten, denn die vorige abgötterey.

그러나 무함마드의 오류라고 주장하는 네 가지 부류에 대하여 주목해야 하겠습니다. 첫 번째는 언급한 바와 같이 칼을 통하여 침입한 자들입니다. 오류를 인식하고 칼을 두려워 한다면, 다시 돌이킬 것입니다. (두 번째는) 마귀에게 미혹되어 그러한 거짓말을 진리라고 말하는 다른 부류입니다. 세 번째는 신앙의 조상으로부터 떠나기를 원하지 않는 부류입니다. 그들은 그들의 조상이 믿는 것처럼 믿습니다. 이것이 이전의 우상숭배였다면, 무함마드의 우상숭배를 이전보다 더 존경합니다.[38]

---

38 Notandum autem quod quatuor sunt partes tenentium Mahometi errorem. Prima pars ingressa est saracenismum eorum qui per gladium intrauerunt, sicut dictum est; et nunc etiam, suum cognoscentes errorem, resipiscerent nisi gladium formidarent. Alia pars intrauit illorum qui decepti a diabolo credunt esse vera que falsa sunt. Tertia uero pars est illorum qui a progenitorum errore discedere nolunt, sed dicunt se tenere que patres eorum tenuerunt; a quorum patrum potius recedunt sententia qui - pro idolatria quam tenebant - sectam Mahometi minus malam sine dubio elegerunt. 그러나 무함마드의 오류라고 주장하는 네 개의 부분에 주목해야 하겠습니다. 첫 번째 부분은 언급한 바와 같이 칼을 통하여 침입한 자들의 사라센주의입니다. 이제 그들이 그 오류를 인식하고 칼을 두려워하지 않는다면, 깨닫게 될 것입니다. 다른 부분은 마귀에게 미혹되어 거짓된 것을 진리라고 믿는 사람들입니다. 세 번째 부분은 조상들의 잘못에서 떠나기를 원하지 않고 그들이 견지했던 것을 지킨다고 말하는 자들입니다. 오히려 그들은 그들이 견지하고 있는 우상숭배를 위하여 의심 없이 덜 사악한 무함마드의 종파를 선택한 그들의 부모들의 견해에서 벗어납니다. 『Contra legem Sarracenorum. 리콜도의 사라센 논박 역주』, 156-157.

Die vierden, so umb des freien leben willen, und das sie viel weiber haben mügen, und andere nachlassung diese zeitliche unreinigkeit lieber haben, denn die ewige freude jenes lebens. Mit diesen haltens, die bey jnen die klugen und gelerten heissen, die gleubens nicht, das jr Gesetz recht und gut sey. Aber die freie wollust dieses lebens unterdrückt die vernunfft, Gleich wie bey uns Christen viel gelerter und Weisen leute das Euangelium nicht halten, wie wol sie gleuben, Es sey recht und gut, Noch füren sie lieber ein Alcoranisch leben, ungeacht das sie halten, Es sey keine warheit drinnen.

네 번째는 자유로운 삶과 더 많은 아내를 갖게 하기 위하여, 그리고 다른 방종을 위하여, 내세의 영원한 기쁨보다 이 세상의 불결함을 더 좋아합니다. 그들 중에서 현명하고 학식이 있는 사람이라고 불리는 사람들은 그들의 법이 옳고 선하다고 믿지 않습니다. 그러나 이생의 자유로운 정욕이 이성을 억제합니다. 이것은 우리 그리스도인들 중에서 수많은 학자들과 현자들이 복음이 아무리 옳고 선하다고 생각하더라도 복음을 지키지 못하는 것과 같습니다. 그들은 지키지 못함에도 불구하고 꾸란에 따라 사는 것을 선호합니다. 꾸란에는 진리가 없습니다.

Und dies ist in beiden das warzeichen, Das etliche Sarracenen werden Christen, und etliche Christen werden Sarracenen, Wie wol ein Christen an seinem ende nicht würde ein Sarracen, sondern am leben. Aber ein Sarracen möcht ehe ein Christen werden an seinem ende denn an seinem leben. Und also beide lieber Christen stürben denn Sarracenen, Wo sie nicht mit gewalt anders gezwungen würden.

그리고 이것은 두 개의 표시입니다. 어떤 사라센인은 그리스도인이 되고 어떤 그리스도인들은 사라센인이 되는 것이 둘의 특징입니다. 그러나 사라센인은 살아 있을 때보다, 삶의 마지막에 그리스도인이 되는 것이 더 나을 것입니다. 그래서 둘은 다른 것을 하도록 강요받지 않는 곳에서, 사라센인이 아니라, 차라리 그리스도인으로 죽기를 원했습니다.[39]

Es sind aber drey zeichen, das die Gesetze ein Mördlich und wütig Gesetz sey, Uber das, so gesagt ist, das er so offt gebeut: 'Tödtet, Tödtet'. Das erst, das Mahmet gesagt hat, sein Gesetz würde so lange bleiben, so lange sie mit woffen und gewalt starck bleiben würden. Aber wie Chrysostomus sagt: 'Die warheit ist der art, je

---

39 Et cum istis sentiunt etiam illi qui apud saracenos sapientes et litterati dicuntur, non quia credant illam legem veram vel bonam esse simpliciter sed «quia uehementia delectationis absorbet iudicium rationis», ut dicit Sapiens. Per quem modum etiam multi litterati christiani non seruant legem evangelii, quam tamen credunt simpliciter veram et bonam esse, sed potius imitantur viam alchorani, quod tamen in veritate credunt fictionem esse. Huius autem signum est in utrisque, quia cum aliqui saraceni efficiantur christiani et aliqui christiani efficiantur saraceni, christianus nunquam efficitur saracenus in morte sed in uita, saracenus autem potius efficitur christianus in morte quam in uita. Igitur quilibet eorum magis eligit mori christianus quam saracenus, nisi predicta violentia retrahatur. 그리고 이것들을 가지고 그들은 사라센인들 중에 있는 현자들과 학자들이 단순하게 그 법을 참되거나 선하다고 믿기 때문이 아니라 현자가 말한 것처럼, «쾌락의 격렬함이 이성의 판단을 흡수하기 때문»이라고 생각합니다. 이와 같은 방식으로 수많은 학식이 있는 그리스도교인들은 그들이 단순하게 참되고 선하다고 믿는 복음서의 율법을 지키지 않습니다. 오히려 꾸란의 길을 따라갑니다. 그럼에도 불구하고 그들은 진리 안에서 꾸란이 허구라고 믿습니다. 이것은 두 가지 경우의 징표가 됩니다. 어떤 사라센인들은 그리스도교인들이 되고, 어떤 그리스도교인들은 사라센인들이 됩니다. 그리스도교인들은 죽어서가 아니라 살면서 사라센인이 되며, 사라센인은 살면서가 아니라 죽어서 그리스도교인이 됩니다. 그들 중의 누구든지 앞에서 말한 폭력이 철회되는 않는 한, 사라센인이 아니라 그리스도교인으로 죽는 것을 선택합니다. 『Contra legem Sarracenorum. 리콜도의 사라센 논박 역주』, 158.

herter sie gestürmet wird, je stercker sie wird, Widerumb die Lügen, Wenn jr gleich grosse macht bey stehet, felt sie doch von jr selbs'. Also hat das Euangelium der Christen, da es wol dreyhundert jare verfolget wird, am aller sterckesten gewachsen, beide an der zal der gleubigen und an wunderbarlicher klarheit.

그러나 그 법이 치명적이고 강렬한 법이라는 세 가지 징후가 있습니다. '죽여라, 죽여라' 자주 명령 됩니다. 첫째, 무함마드는 그의 법이 무기와 무력으로 강하게 버티는 한, 오랫동안 지속될 것이라고 말했습니다. 그러나 확실히 크리소스톰[40]이 언급했던 것처럼, '진리는 강하게 공격받을 때 더욱 더 강해지며, 거짓말로 큰 권력을 유지하면, 스스로 붕괴됩니다.' 그리스도인의 복음은 300년 동안 박해받으면서 성장했으며, 신자들의 숫자가 기적적으로 분명하게 증가했습니다.

Das ander zeichen ist, das, wenn sie zusammen komen, das jr prediger sie das Gesetz der Sarracener leren und das wort fur tragen sol, so zeucht er ein Schwert aus und helts blos in der hand, so lange er predigt, oder stellets an einen hohen sichtbarlichen ort, zum schrecken; da gegen, wenn die Christen predigen, so erhöhen nicht das schwert, sondern das Creutz, Und weisen nicht ein Mördisch, sondern ein Freundlich zeichen, als Menschen, die von Christo gesand sine mitten under die Wolffe, wie de schafe.

---

40 크리소스톰(Ἰωάννης ὁ Χρυσόστομος, 349-407): 초대교회 교부이며, 제37대 콘스탄티누폴리스 대주교)

두 번째 특징은 앞에서 언급했던 폭력입니다. 왜냐하면 그들이 설교하기 위해 모여서, 그들에게 율법을 설명할 때, 말씀을 전하는 사라센인들의 교사는 설교하는 동안 칼을 빼서 손에 쥐거나 위협하기 가장 좋은 곳에 서 있습니다. 그러나 그리스도인들은 설교하는 동안, 칼과 폭력이 아니라 순결의 표시를 보여주기 위하여, 십자가를 높이 듭니다. 십자가를 높이 들어 폭력이 아니라 순결의 표시를 보여줍니다. 마치 그들은 이리 가운데 있는 양처럼 그리스도께서 보내신 사람들과 같습니다.

Das dritte zeichen, das es ein Mördlich wütiges Gesetz sey, ist, das bey den Sarracenen erzogen werden Assessinij, zukünfftige mörder, diesen verheissen sie das ewige leben fur das Morden, Gott gebe sie morden oder werden drüber ermordet, Und schicken sie aus in die gantz welt, das sie sollen die weltlichen Herren listiglich erwürgen. Diese Assessinij haben schlösser und heuser an dem berge Liltum, Und sind unter dem Sultan zu Babylon, der das Heubt ist der Sarracenen. Und wiewol diese Assessinij rechte Sarracenen sind und leben nach dem gesetz und weise der Sarracenen, Doch heissen sie bey jnen nicht Sarracenen, Sondern Ismaeliten, als der stam und wurtzel der Sarracen und die furnemesten verteidiger und erhalter des Mametischen Gesetzes. Denn dazu werden sie sonderlich erneeret und erzogen, das sie morden sollen, Fur welchem laster nicht allein den Christen, Sondern auch den Tattern grawet, die doch sagen, sie haben kein Gesetz on das Natürliche recht. Also ists gewis, das der Sarracenen ein Mördisch wütiges Gesetz, Nicht Gottes, sondern des Teuffels ist.

세 번째 특징은 꾸란은 살인과 분노의 법이라는 것입니다. 왜냐하면 사라센인들은 암살자(Assessinij)들을 먹여 살려주기 때문입니다. 그들은 미래의 살인자들입니다. 그들에게 살인을 위하여 (살인의 댓가로) 영원한 생명을 약속합니다. 하나님께서는 그들이 살인을 하거나 살인을 당하게 하셨습니다. 그들을 온 세상에 보내어 세상의 군주들을 목 졸라 교활하게 죽여야 합니다. 이 암살자들은 레바논(Liltum) 산에 성과 집을 가지고 있으며, 사라센인의 우두머리인 바빌론 술탄의 지배 아래 있습니다. 이 암살자들이 실제로 사라센인들이고, 사라센인들의 법과 방식에 따라 살아간다고 해도, 그들은 사라센인들이라고 불리지 않고, 사라센인의 뿌리이며, 무함마드 법의 수호자 및 유지자로서의 이스마엘 사람들(Ismaeliten)이라고 불립니다. 그들은 살인하도록 격려받고 훈련을 받았습니다. 그리스도인들뿐만 아니라, 자연법 외에는 법이 없다고 말하는 타타르인들에게 있어서 악습입니다. 사라센인들의 살인과 분노의 법은 하나님이 아니라 마귀의 법입니다.

Das XI. Capit.

das der Alcoran nicht Gottes Gesetz ist, Denn es zu unördig ist.

제11장

꾸란은 무질서하기 때문에 하나님의 율법이 아니다

Was von Gott ist, das ist wol geordent Rom xiij. Das siehet man beide an der Natur und heiliger Schrifft, Und gewis ists, bey den Christen und Sarracenen, das Mose gesetz, Propheten und Euangelium von Gotte sein. Moses helt gar feine ordning, hebt an von der welt schepffung, und durch die gantze Bücher gehet er hindurch ordenlich nach der zeit und Historien. Also thun auch die Propheten. Und schreiben fein nach einander, unter welchem Könige, und sagen eine furgenom sache fein ördenlich. Also auch das Euangelium gehet auffs feinest in der ordenung, fehet an von Christo, wie er empfangen und geborn ist unter Augusto, Herode, Und wer daszumal regiert hat, Darnach wie er gelebt, gepredigt, wunder gethan, darnach gelidden, gestorben, aufferstanden ist etc.

로마서 13장은 하나님에 대하여 잘 정리하고 있습니다. 자연과 성경을 통하여 볼 때, 그리스도인들과 사라센인들에게 있어서, 모세 율법, 선지서, 복음서는 하나님으로부터 온 것이 분명합니다. 모세의 책들은 질서 정연하게 천지창조부터 시작하여 시간과 역사에 따라 질서 있게 책 전체를 관통합니다. 선지서들도 마찬가지입니다. 그리고 왕이 되는 것을 차례로 쓰고, 역사적 순서에 대하여 언급하고 있습니다. 복음서도 그리스도에 대하여 순서대로 구성되어 있습니다. 그는 당시 통치하던 아우구스투스, 헤롯의 시기에 잉태되어 태어났으며, 그가 어떻게 사셨고, 설교하셨으며, 기적을 행하시고, 이후에 고난 받으시고 죽으셨으며 부활하셨습니다. (등)

Aber im Alcoran ist gar kein ordnung, Da ist kein rechnung der zeit oder jare, kein person der Könige oder Regenten derselben zeit, Auch kein ördenliche rede der sachen, Denn das erst Capitel, das des Buchs titel ist, da fehet er an mit beten und Gott loben. Und nach solchem kurzen gebet fehet er das Buch, Und ist dasselb das ander Capitel von der Roten kue, davon im vierden Buch Mose stehet, cap xix. Das dritte Capitel ist vom hause Abraham. Welchen er setzt zu einem Vater Mose. Und sagt viel von Christo und spricht, die Jungfraw Maria sey Mose und Aaron schwesster gewest. Darnach ist das vierde Capit. von den frawen, So fort an in den andern Capiteln hacket ers so unördig unternander, das niemand sagen kan, warumb dis forne, jenes hinden, ode dis mitten stehe.

그러나 꾸란에는 전혀 질서가 없으며 시간이나 년에 대한 계산이 없으며 같은 시간의 왕이나 통치자가 없으며 사건에 관한 이야기도 없습니다. 책 제목인 1장은 기도와 찬양으로 시작되었습니다. 짧은 기도 후에 꾸란이 시작하며, 다른 빨간 암소 장은 모세의 네 번째 책 19장과 같습니다. 세 번째 장은 아브라함의 집에 대한 것입니다. 아브라함은 모세의 아버지입니다. 그는 그리스도에 대하여 많이 언급합니다. 동정녀 마리아는 모세와 아론의 누이입니다. 그 다음은 여성들에 대한 말하고 있는 제4장입니다. 다른 장들은 순서가 뒤엉켜 있습니다. 어느 누구도 왜 그것이 앞에, 뒤에, 중간에 있는지 잘 모릅니다.

So redet er auch von keiner sachen ördenlich, sondern fellet von einem auffs ander und menget eine ins ander, als ein wahnsinniger oder der jmer anders wo were. Viel weniger bleibt er auff dem wege, Wenn er sol etwas nach einander beweisen oder schliessen, Sondern setzt einen spruch, darauff füret er ein, das sich nichts drauff reimet. Als da er stets daher wesscht: Gott ist hoch und gut, Und Alcoran ist ein Gesetz des heils, Und 'Gott ist Gott', und das kein Gott ist, ausser Gott, Und 'Mahmet ist ein warhafftiger Prophet'. Lieber, wie hanget das ördenlich an einander, Das Mahmet ein Prophet, Gottes diener, und Gott Gott ist?

그래서 그는 어떤 것에 대해 제대로 말하지 않고, 미친 사람이나 혹은 어떤 곳에 있는 다른 사람처럼, 하나를 다른 것에 섞어 버립니다. 그는 무엇인가를 순서대로 증명하거나 결론을 내려야 할 때, 이것을 하지 않은 채, 서로 부합하지 않는다고 가정합니다. 그가 항상 말합니다.: 하나님은 높고 선하시며, 꾸란은 구원의 법이다. '하나님은 하나님이다', '하나님 외에는 신이 없다', '무함마드는 참 선지자다'. 사랑하는 이여, 무함마드가 선지자이고, 하나님의 종이며, 하나님이 하나님이시라는 진술이 서로 적절한 관련성을 가지고 있는 것입니까?

Im Capitel Elmaida (das ist Tissch) spricht er: Gott hat uns gestifftet das haus Elaram (das ist beruffung), welchs ist das haus des Tissch[41]es, und den Fastelmond[42] der Sarracenen, und das darumb, das jr wisset sollet, Das Gott alle ding weis, was in Himel und Erden ist, Und weis alles, was geschicht. Aber wer ist so toll, der daran zweivele, das Gott alle ding weis? Und ob jemand dran zweivelte, Wie reimet sichs, das der Tissch und Fastelmond der Sarracenen mache, das jemand wisse, Wie Gott alle ding weis?

그는 **Elmaida**(즉, Tissch) 장에서 말합니다.: 하나님께서는 엘라람(부르심) 집을 지으셨습니다. 이곳은 제단입니다. 그리고 사라센인들의 라마단(금식 기간)을 정하셨습니다. 하나님께서는 하늘과 땅 위에 있는 만물과, 일어나는 모든 것들을 아십니다. 하나님께서 모든 것을 아신다는 것을 누가 의심합니까? 하나님께서 제단과 라마단을 만드신 것을 누가 의심하겠습니까? 누구나 하나님께서 만물을 어떻게 만드셨는지 알고 있다는 사실을 누가 의심하겠습니까?

Und stets redet er, als lege er im traum, und sonderlich am ende des buchs, da es jm auch noch an worten feilen wil, als im Capitel Elcapherim, das heisst (Ketzer), spricht er: O jr verfluchten, Ich bete nicht an, das jr anbetet. Und jr betet nicht an, das ich anbete, Euch sey ewer Gesetze, Mir sey mein Gesetze. Welcher Ketzer oder abgöttischer kündte nicht auch also reden? Was dienet das zur

---

41 문맥상 Tisch(식탁)은 제단(Altar)을 의미한다.
42 이슬람의 라마단(Ramadan, 약 한 달 동안의 금식 기간)

sachen, wenn man die warheit sol forschen?

그리고 그는 항상 꿈 속에 있는 것처럼 말하며, 특히 책의 마지막 부분에서 다듬어서 말하기를 원합니다. 그는 이단을 의미하는 엘카페림(Elcapherim) 장에서 말합니다.: 오 저주받은 자여, 나는 당신이 숭배하는 것을 숭배하지 않고, 당신도 내가 숭배하는 것을 숭배하지 않습니다. 당신에게는 당신의 법이 있고, 나에게는 나의 법이 있습니다. 어떤 이단이나 우상숭배자라도 무슨 말을 할 수는 있지 않을까요? 진리를 찾아야만 한다면 무엇이 유용할까요?

Ich hab auch in dem gantzen Buche nicht ein einige Disputation funden, die ördenlich were, Aber die Wort und Reimen sind wol fein, Denn das gantze Buch ist Reimen weise oder Poetisch gemacht, davon die Sarracenen seer rhümen. Und das sol beweisen, das Mahmet ein rechter Prophet sey, Denn ein ungelerter Leye kündte nicht so reisig reden, Aber droben haben wir beweiset, das Gott nicht pflegt mit den Menschen oder durch die Propheten poetisch oder reims weise zu reden.

저는 전체 책에서 몇 가지 적절한 논쟁점을 찾지 못했습니다. 그러나 단어와 운율은 좋습니다. 전체 책이 운율로, 시적으로 표현되고 있어서, 사라센인들이 매우 자랑합니다. 그러나 무함마드가 진정한 선지자라는 것을 증명해야 합니다. 그는 학식이 부족한 사람이어서 우아하게 말하지 않았습니다. 그러나 우리는 위에서 증명했습니다. 하나님을 사람과 선지자들에게 시적인 운율로 말씀하시지 않습니다.

Das XII. Capit.

das der Alcoran nicht Gottes Gesetz ist, Denn er unrecht und boese ist.

제12장

꾸란은 악한 법이기 때문에 하나님의 율법이 아니다

Das der Alcoran ein böse unrecht Gesetze sey, wird offenbar durch jn selbs, Denn im Capitel Elcaph und im Capt. Elgem, das heisst die Teuffel, stehet also, Das er den Teuffeln wol gefellet, und die Teuffel lust drinnen haben. Die Teuffel aber sind böse verkerete geister, welchen nichts gefallen kan, on was böse und verkeret ist. Auch ist der Alcoran ursache alles bösen, als Mords, raubens, Meineides, und der gleichen, denn er solchs nicht allein nach gibt, sondern auch gebeut, sonderlich das morden, wie droben gesagt ist.

꾸란이 사악하고 잘못된 법이라는 사실은 엘카프(Elcaph) 장과 마귀를 뜻하는 엘겜(Elgem) 장에서 그 자체로 명백합니다. 꾸란은 마귀들을 만족시키며, 마귀들은 꾸란에서 기쁨을 찾습니다. 그러나 마귀는 무엇이든 기쁘게 할 수 없는 악하고 부패한 영입니다. 꾸란은 살인, 강도, 위증 등과 같은 모든 악의 원인이기도 합니다. 왜냐하면 그는 그러한 일에 굴복할 뿐만 아니라 위에서 말한 것처럼 특히 살인을 명하기 때문입니다.

Und hilfft nichts, ob jemand sagen wolt, Er habe geboten die ungleubign, nicht die Gleubigen zu tödten. Denn so spricht er: Der gleubige sol keinen Gleubigen tödten. Gleichwol heisst er die ungleubign tödten, wo sie nicht tribut geben, So höre ich wol, Tribut nicht geben, sol ursache gnug sein zu tödten, Warumb ist nicht viel mehr die ursache, das sie nicht gleuben?

그리고 어떤 사람이 그가 불신자들에게 신자들을 죽이지 말라고 명했다고 말하고 싶어도 이것은 무의미합니다. 그는 말합니다.: 신자가 신자를 죽이지 못할 것입니다. 동시에 그는 불신자들이 세금을 내지 않으면 그들을 죽이라고 명령합니다. 내가 듣기로는 세금을 내지 않는 것이 죽일 수 있는 충분한 이유가 된다고 합니다. 이것이 훨씬 더 그들이 믿게 되지 않는 이유가 되는 것 아닙니까?

Item, An viel örten spricht er, Es sey kein grösser sünde, denn Gotte Lügen zuschreiben. Nu thut der Alcoran dasselbige und schreibt Gott viel ander mehr lügen zu, denn die droben im ix. Cap. Erzelet sind. Wir kündten aber viel andere solche Lügen anzeigen, Als im Capitel Elemphaal (das heisst Gewinst oder nutz) spricht er: Es sind etliche gewinst Gottes und des Apostels, Und man solle den fünfften teil des Gewinsts Gotte geben.

그는 많은 곳에서 거짓말의 이유를 하나님께 돌리는 것보다 더 큰 죄가 없다고 말합니다. 꾸란을 똑같은 것을 언급하며, 하나님께 더 많은 거짓말의 이유를 돌리고 있습니다. 위의 엘제레트(Erzelet)에서 그렇습니다. 우리는 다른 많은 거짓말을 보여주었습니다. 그는 엘렘팔(Elemphaal, 이익, 혹은 사용을 의미) 장에서 하나님과 사도의 이익이 일부 있으니, 이익의 5분의 1을 하나님께 드려야 한다고 말합니다.

Sage mir, Ist Gott so ein schalck worden, das er Rauben erleubet, auff das er den fünfften teil neme? Oder ist er so dürfftig arm, das er seine Armen und Widwen, Waisen und Frembdling (davon er dasselbs redet) nicht erneeren kan, er lasse denn dazu rauben? Treibet er solchen Gewin, furwar so macht Mahmet Gotte zu seinem Gesellen, böses zu thun, der doch keinen gesellen haben kan, guts zu thun.

저에게 말씀해 보십시오. 하나님께서 도둑질을 허락하셔서, 도둑질의 5분의 1을 가져가실 정도로 바보가 되신 것입니까? 그가 도둑질을 허락하지 않는다면, 가난한 자, 과부, 고아, 나그네들을 먹일 수 없는 것입니까? 무함마드가 그러한 이익을 얻는다면, 선을 함께 행할 동료가 없는 무함마드는 하나님을 악을 함께 행할 동료로 만드는 것입니다.

Und ob wol der Alcoran zu zeiten verbeut Raub, Meineid und ander böses, So ist doch solchs verbot mehr ein zulassen, Denn er spricht: 'jr solt nichts böses thun, denn es gefellet Gotte nicht, Thustu es aber, so ist er barmhertzig und gnedig, und wird dirs gern vergeben.' Aber vom Raub sonderlich gebeut er nichts uberal, das man solle widergeben, Es ist auch jre weise nicht, Sondern ist gnug, das ein Sarracen an seinem ende spricht: 'Es ist kein Gott ausser Gott, und Mahmet ist Gottes Apostel', wie droben gesagt ist.

꾸란은 가끔 강도, 위증과 다른 악들을 금지합니다. 그러나 그러한 금지는 허용되어야 합니다. 그는 말합니다. '악을 행하지 마십시오, 하나님께서 원하지 않으십니다. 그러나 그렇게 되면, 하나님께서 자비와 은혜를 베푸시며, 당신을 용서하실 것입니다.' 꾸란은 도둑질에 대하여, 다시 돌려주어야 한다고 특별하게 명령하지 않습니다. 물론 이것은 그들의 방식은 아니지만, 위에서 언급된 것처럼, 한 사라센인이 (죽기 전) 마지막에 이렇게 말하는 것만으로 (꾸란의 모순을 증명하는 것은) 충분합니다. '하나님 이외에 신은 없으며, 무함마드는 하나님의 사도입니다.'

Vom Meineid spricht er frey, im Capit. Elmin: Den Meineid zwar wird euch Gott nicht zu rechen, Sondern viel mehr, das jr jn nicht anruffet, als solt er sagen: Meineid verdienet keine schuld, sondern allein straffe, Denn hernach setzt er: 'Fur solche ubertrettung ist gnug, zehen Arme speicen, oder so viel kleiden, oder einen gefangenen lösen. Wer das nicht vermag, sol dreimal fasten'.

그는 엘민(Elmin) 장에서 위증에 대하여 자유롭게 말합니다. 하나님께서는 당신이 위증했다고 기소하지 않습니다. 위증은 죄가 아니지만, 오직 처벌을 받아야 한다고 말하는 것보다, 그것을 말하지 않는 것이 훨씬 더 낫습니다. 다음에 그는 덧붙입니다.: 그러한 죄에 대하여 열 명의 가난한 사람들을 먹이거나, 죄수 한 사람을 풀어주는 것으로 충분합니다. 이것을 할 수 없는 사람은 세 번 금식해야 합니다.[43]

---

43 De periurio vero expresse dicit in capitulo Elmeyde, quod interpretatur "mensa",

Aus solchem mus wol alles ubel folgen, Denn sie schewen sich nichts, zu rauben, zu betriegen, falsch zu schweren, und Glauben brechen, So doch den Christen geboten ist, auch feinden und ungleubigen Glauben zu halten.

강도, 사기, 거짓 맹세하고 믿음을 깨뜨리는 일을 주저하지 않기 때문에 모든 악한 것이 따라오게 됩니다. 그래서 그리스도인들도 원수와 불신자들에 대항하여 믿음을 지키라는 명령을 받게 된 것입니다.

Doch haben sie, die Sarracenen, einen sondern Eid, den sie nicht leichtlich brechen, davon wir hernach sehen wollen. Von jm selber aber spricht Mahmet im Capitel Elmetare, Das Gott mit jm dispensiert oder erleubet habe, das er nicht halten dürffe, was er recht und redlich geschworen hat, Als das er sich nicht mehr wolte zu der Jacobitin legen, die Maria hies, und ward drüber Meineidig, Und solches erleubnis musten zeugen sein Michael und Gabriel, wie er leuget. Solt nu solch gesetz Gottes sein, da so viel arges, ja alles arges her komet, Und solch grosse gifftige Lügen Gotte zu

---

«Non imputabit vobis Deus fraudationem iuramenti sed innodationem eius»; quasi dicat: Periurium non obligat ad culpam sed ad penam. Et postea subdit: «Pro transgressione uero eius decem miserorum cibatio seu eorumdem uestitio aut unius captiui redemptio. Qui autem hoc non ualet, tribus uicibus ieuinabit». 그는 "식탁"으로 번역된 엘메이데(Elmeyde) 장에서 위증에 대하여 다음과 같이 분명하게 말합니다. «하나님은 너희에게 맹세의 속임수가 맹세의 의무를 주신다.» 마치 위증은 죄가 아니라 벌과 밀접하게 관련되어 있는 것과 같습니다. 이후 그는 이렇게 덧붙입니다. "범죄에 대하여(범죄에 대한 벌로서) 불쌍한 열 명의 소년들을 먹이거나, 그들의 의복을 주거나, 포로 한 명의 구원되는 것. 그러나 그렇게 하기를 원하지 않는 사람은 세 번 금식할 것입니다." 『Contra legem Sarracenorum. 리콜도의 사라센 논박 역주』, 174.

schreibt?

그러나 사라센인들에게는 쉽게 깨뜨리지 않는 특별한 맹세가 있습니다. 우리는 나중에 보게 될 것입니다. 무함마드는 엘메타레(Elmetare) 장에서 자신에 대하여 말합니다. 그가 마리아라고 불리는 야콥파 교도와 동침하기를 원하지 않는다고 위증했을 때, 하나님께서는 그의 위증을 허락하셨습니다. 그가 거짓말하는 것처럼, 미가엘과 가브리엘이 증입니다. 모든 악과 엄청난 거짓말의 (책임을) 하나님께 돌리는 것이 하나님의 법이 되어야 합니까?

Uber diese Lügen gibt er Gott noch mehr, nicht allein Lügen, sondern auch Nerrische lügen, Denn er spricht, Gott habe sich entschüldigt, das er nicht einen Engel, sondern den Menschen Mahmet gesand habe. Und hette wol können einen Engel senden, Aber sie hetten nicht durch die welt sicher wandeln können. Wie? hat denn Mahmet können sicherer durch die welt wandeln denn die Engel? Oder köndte sie Gott nicht beschirmen? Oder wo er durch Engel wolt verstehen frome friedsame leute, Ists ja gewis, das frome friedsame Leute sicherer durch die welt wandern, denn die bösen.

그는 이러한 거짓말들 이상으로, 거짓말뿐만 아니라 어리석은 거짓말까지 하게 되었습니다. 하나님께서 천사가 아니라 무함마드를 보낸 것에 대하여 사과하기 때문입니다. 그들은 세상을 안전하게 거닐 수 없었습니다. 어떻게? 무함마드는 천사들보다 더 안전하게 세상을 거닐 수 있습니까? 혹은 그들이 하나님을 보호할 수는 없습니까? 또한 그가 천사들을 평화로운 사람들이라고 이해하는 곳에서, 선한 사람들이 악한 사람들보다 더 안전하게 세상을 거닌다는 것이 확실합니다.

Item, stets zeugt er an, wie Gott spreche, das er die welt nicht Schertzens weise gemacht habe. Wer ist aber so töricht, der da halte, das Gott die zu seinem scherz gemacht habe?

따라서 그는 하나님께서 말씀하신 것처럼, 그가 농담으로 만드시지 않았다고 항상 증언합니다. 그러나 누가 하나님께서 그것을 농담으로 만드셨다고 생각할 만큼 어리석겠습니까?

Item der Mahmet, ein Mensch und Sarracen, in teglicher unzucht, füret ein im Cap. Elinir Elazapi, Wie Gott sage also: Jr solt in keins haus gehen ungeladen oder unberuffen. Darnach spricht Gott weiter: Wenn jr hinein gangen seid und gessen habt, So gehet heraus und stehet nicht und predigt den Thurhütern, Denn es ist verdrieslich und zu schemen, da zu predigen. Aber Gott Schemet sich nicht die Warheit zu predigen.

한 사람의 인간이며 사라센인으로서 무함마드는 매일 음행을 저질렀습니다. 엘리니르 엘라마피(Elinir Elazapi) 장에 소개됩니다. 하나님께서 말씀하십니다.: 초대받지 않았거나 부르지 않은 집에 들어가서는 안 된다. 하나님께서 더 말씀하십니다.: 들어가서 먹었다면, 밖으로 나아서 서 있지 말고 문지기들에게 설교하라. 그에게 있어서 설교하는 것은 번거롭고 부끄러운 것이지만, 하나님은 진리를 설교하는 것을 부끄럽게 여기지 않으십니다.

Summa, Was er wolte thun oder gethan haben, das legt er Gotte zu, als ders geböte zu thun. Daraus ist alles böses komen, als hette es Gott in seinem Gesetz geheissen, Morden, Rauben, Ehebrechen, falsch schweren, als mit der Zeith weib die blutschande uben, umb der Maria der Jacobitin willen den Eid brechen und niemand glauben halten darumb ists nicht wunder, das den Teuffeln dis Gesetz wolgefallen hat.

요컨대 그가 하고 싶거나 한 일을 하나님께서 명령하신 대로 하나님께 맡기는 것입니다. 마치 하나님이 그의 율법에 명령하신 것처럼 살인, 강도, 간음, 거짓 맹세, 여성이 근친상간을 하는 것과 같습니다. 야콥파 교도인 마리아는 맹세를 어기고, 어느 누구도 믿지 않았습니다. 악마가 이 법을 좋아하는 것은 놀라운 일은 아닙니다.

Das XIII. Capitel.
Wer der Meister sey dieses Gesetzes, und wie ungewis der Alcoran ist.

제13장
이 법의 저자는 누구이며, 얼마나 꾸란은 불확실한가

Es halten die Weisesten bey jnen selbs gewis dafur, und wird auch mit krefftigem grund uberzeuget, das der erst Meister des Alcoran sey nicht ein Mensch, sondern der Teufel, der aus altem Neid, durch Gottes verhengnis umb der Menschen sünde willen hat öffentlich und gewaltiglich solchen Grewel des Endechrists angefangen. Denn da er sahe, das er die menge der Abgötterey nicht lenger verteidigen kund, noch dem Euangelio und heiliger Schrifft weren, so durch die Welt ausgebreitet war, Dacht er die welt zu betriegen mit einem ertichten Glauben, der gleich ein Mittel weg were zwisschen Mose und dem Euangelio.

그들 중 가장 현명한 사람은 꾸란의 첫 번째 주인이 인간이 아니라 오래된 질투로 인하여 하나님의 저주를 받아, 공공연하고 맹렬하게 죄를 지은 마귀라는 사실을 확실히 믿고 확신하는 사람입니다. 마귀는 인간의 죄에 대한 하나님의 정죄를 통하여, 그리고 오랜 기간 품었던 시기심으로 마지막 그리스도의 잔학행위를 공개적으로, 폭력적으로 시작했습니다. 그는 수많은 우상승배자들이 세상에 퍼져 있던 복음서와 성경을 더 이상 옹호하지 않는 것을 보고, 세상을 속이기 위하여 복음서와 모세율법의 중간의 길과 같은 믿음을 만들어 내는 것을 생각했습니다.

Hie zu braucht er nu eines Menschen, ja eines Teuffels, mit namen Mahmet, der ein Abgöttischer mensch und arm, doch hohmütig und berümbt in der schwartzen kunst. Hette viel lieber eines bessern namen Menschen angenomen, wo es jm gestattet were gewesen, Glech wie er wol lieber hette ein ander Thier, denn die Schlangen angenomen, den Menschen zu betriegen, darunter seine bosheit schöner verborgen gewest were. Aber die Göttliche weisheit hats nicht wollen gestatten, anders denn das er solch Thier anneme, Und nu auch durch einen solchen Menschen die Welt angrieffe, damit die welt leichtlich verstehen kündte, Was das fur ein Gesetze sein wurde, das durch solchen Meister gegeben würde.

여기에서 그(마귀)는 이제 우상숭배자이자 가난하지만 거만하고 음흉한 예술로 유명한 무함마드를 데려옵니다. 사람을 속이려 뱀이 아닌 다른 동물을 가지는 것처럼, 그것이 허락되는 곳에서 더 나은 이름의 사람을 가지고 싶었습니다. 그 아래에 악이 더 아름답게 숨겨져 있었습니다. 그러나 하나님의 지혜는 그런 동물을 받아들이고 그러한 인간을 통하여 세상을 공격하는 것 이외에는 허락하지 않을 것입니다. 이것은 그러한 스승을 통하여 주어진 법이 무엇인지 세상을 쉽게 알도록 하기 위함입니다.

Da nu Heraclius der Persen könig Cosroe geschlagen und das

heilige Creutz gen Jerusalem bracht hatte, mit grossem Triumph, anno sechs hundert und zwentzig nach Christi geburt, Und anno funffzehen Heraclij, etc, Da brach herfur Mahmet ein Araber, der nu reich worden war, durch eine Widwen, die er gefreiet hatte, Darnach ward er ein Heubtman unter den strassenreubern und kam in solche hoffart, das er König in Arabia zu werden gedacht. Aber weil er eins geringen herkomens und ansehens war, namen sie jn nicht an. Da gab er sich fur einen Propheten aus, Und nach dem er das Falubel, oder die fallende seuche hatte, und stets darnider fiel, auff das niemand gleubete, das er solche Plage hette, sprach er, Ein Engel hette mit jm geredt. Und sagt darnach etliche Sprüche, welche er hette gehort (wie er sagt) wie eine Glocke, die umb seine ohren geklungen hette.

에라클리우스(Eraclius)에 의해 코스드로헤(Cosdrohe)가 패배한 이후, 주의 해 626년에 승리와 함께 거룩한 십자가가 예루살렘으로 다시 운반되었습니다. 그리고 에라클리우스(Eraclius)의 15번째 해에 아랍인 무함마드가 나타났습니다. 처음에는 어떤 부유한 과부를 아내로 받아들여서, 부자가 되었습니다. 이후 도적단의 우두머리가 되었으며, 오만하게 되면서, 아라비아의 왕이 되고 싶었습니다. 그러나 그들은 그의 천한 출생 신분으로 인하여, 존경받지 못했기 때문에, 그의 이름을 밝히지 않았습니다. 그는 선지자로 가장하였습니다. 그 사람은 전염병에 걸려 쓰러졌습니다. 어느 누구도 그가 전염병이 걸렸다는 것을 믿지 않았습니다. 천사가 그에게 말했다고 언급했습니다. 이후에 그가 귀에 울리는 종처럼 (그가 말했던 것처럼) 많은 말을 했습니다.

Als er aber ein ungelerter Leye war, gab jm der Teuffel rechte gesellen zu, etliche abtrünnige Jüden, Und etliche verlaufene Christen, die Ketzer. Denn er henget sich an jn ein Jacobit mit namen Baira, der bleib sein lebenlang bey Mahmet, Und man sagt, das nach des selben tod Mahmet nichts gethan habe; Von den Jüden aber Phinees und Audia mit namen Salon, darnach Andala genannt und Selem, Die wurden Sarracenen, Und etiche Nestorianer, die mit den Sarracenen seer gleich stimmen und sagen, Das Gott sey nicht von Maria geborn, sondern der Mensch Jhesus Christus.

그러나 그가 무식했을 때, 마귀는 그에게 진정한 동료, 배교한 유대인, 그리고 도망친 그리스도교인, 이단자들을 주었습니다. 그는 무함마드의 평생 동안 바이라(Baira)라는 이름의 야콥파 교도와 관계를 유지했습니다. 그의 죽음 이후 무함마드는 아무것도 하지 않았다고 합니다. 유대인 중에서는 살론(Salon)이라고 불리는 피니스(Phinees)와 압디아스(Abdias)는 안달라(Andala)와 셀렘(Selem)이라고 불렀습니다. 그들은 사라센인들이 되었습니다. 일부 네스토리우스 교도들은 사라센인들에게 동의하며 말합니다. 하나님이 아니라 사람이신 예수 그리스도가 마리아에게서 태어난 것입니다.

Und dazumal stellet Mahmet etwas, als ein Gesetze, durch seine gesellen, Nam etwas aus dem alten, etwas aus dem newen Testament; Doch hatte das volck da mals noch nicht den Alcoran, Denn man lieset in jren Historien also, das Mahmet sprach: 'Es ist der Alcoran zu mir oben herab komen bey sieben Mennern, Was nu gnug ist, das ist gnug'. Diese Menner sollen gewest sein Naphe,

Eon, Omar, Omra, Eleesar, Asir der son Cethir, und der son Amer, Da sprachen wir zu jnen, das mans lesen solt fur Mahmet, Sie aber sprachen alle: Nein, sondern fur den sieben Eltesten, und darnach fur Mahmet.

그리고 당시 무함마드는 그의 동료를 통하여 구약, 신약성경으로부터 법을 만들었습니다. 당시 사람들에게는 꾸란이 없었습니다. 그들의 역사 기록에서 무함마드가 말한 것을 읽을 수 있습니다.: '꾸란이 일곱 사람을 통하여 나에게 내려왔습니다. 이제는 충분합니다.' 이 사람들은 나테(Naphe), 에온(Eon), 오마르(Omar), 옴라(Omra), 엘레사르(Eleesar), 케티르(Cethir)의 아들 아시르(Asir), 아메르(Amer)의 아들입니다. 우리는 그들에게 무함마드에게 (꾸란을) 읽어 주어야 한다고 말했습니다. 그러나 그들은 모두에게 말했습니다.: 아닙니다. 일곱 장로에게, 그리고 다음에 무함마드에게.

Das ist aber gewis, das diese sieben Eltesten nicht uber ein stimmeten mit jnen den vorigen Elsten, nach den worten des Buchs, so sie jtzt halten. Das wird daraus klar, das die wort des ersten teils wider wertig sind den worten des andern teils. Denn nach dem tod Mahmet hat niemand den Alcoran verstanden, on Audala der son Mesetud, Und Zeith der son Tampeth, und Ocanan der son Ophin, und der son Oenpe und der son Tap. Aber von Alete dem son Abitalem sagten etliche, er verstünde eins teils, Etliche aber sagten, Nein.

그러나 이 7명의 장로들은 지금 그들이 가지고 있는 책의 말씀에 따르면 이

전 장로들의 의견에 동의하지 않은 것이 확실합니다. 이것은 앞부분의 말이 다른 부분의 말과 상반된다는 사실에서 분명해집니다. 무함마드가 죽은 후 아무도 메세투드(Mesetud)의 아들 아우달라(Audala), 탐페트(Tampet)의 아들 자이트(Zeith)의 오핀(Ophin)의 아들 오카난(Ocanan), 오엔페(Oenpe)와 타프(Tap)의 아들을 제외하고, 꾸란을 이해하지 못했기 때문입니다. 그러나 아비탈렘(Abitalem)의 아들 아레테(Alete)에 대하여 일부는 그가 한 가지를 부분적으로 이해했다고 말했지만 일부는 그렇지 않다고 말했습니다.

Ein jglicher aber unter diesen stellete einen eigen Alcoran, der andern Alcoranen gantz ungleich. Und waren auch uneins jr lebenlang, und nam keiner des andern Alcoran an, Nach jrem tod ward das volck jrre und zertrennet im Alcoran, bis auff die zeit Mermpan des sons Elecen, der hat jnen gestellet den Alcoran, den sie jtzt haben, und verbrante alle andre Alcoran, Auch widersprachen jm die sieben Vögte der Stedte, das er nicht eigentliche und deudliche sprache nach jrer art gebraucht hette.

그들 중 일부는 자기들의 꾸란을, 다른 이들은 완전히 다른 꾸란을 가지고 있었습니다. 그들을 평생 동안 싸웠으며, 다른 꾸란을 받아들이지 않았습니다. 그들의 죽음 이후, 엘레켄(Elecen)의 아들 메름판(Mernpan) 시대까지 분열되었으며, 그들은 다른 모든 꾸란을 불태웠습니다. 7개 도시 집행관들도 고유하면서도 명확한 언어를 사용하지 않았다고 반박했습니다.

Auch findet man in jren Historien, das das Capitel vom Ehescheiden lenger gewest sey, denn das Capitel Bouis (Ochse), das zu erst zwey hundert und dreissig sprüche gehabt und nu nicht mehr den xij hat. Die andern sagen, Das das Capitel (Ochse) habe tausent sprüche gehabt, Nu aber lxxxvij. Sie sagen auch von einem gewaltigen mit namen Elgas, der habe vom Alcoran lxxxv sprüche gethan, und so viel andere hinzu gethan eins andern sinnes.

그들의 역사 속에서 이혼(Ehescheiden)에 대한 장이 암소(Bouis) 장보다 더 길다는 것을 발견했습니다. 원래는 230개의 격언이 있었지만, 12장 이상은 없습니다. 암소 장은 1,000개의 격언이 있었지만, 지금은 287개에 불과합니다. 그들은 꾸란에서 85개의 문장을 만들어 내었으며, 거기에 많은 의미를 추가했던 엘가스(Elgas)라고 불리는 힘센 사람에 대하여 말합니다.

Wie ists denn war, da sie sagen vom Alcoran, Das Gott solle gesagt haben: Wir haben die vermanung (Alcoran) hinab gesand und wollen sie auch erhalten?

어떻게 그들이 꾸란에 대하여, 하나님께서 이렇게 말씀하셨다고 말하는 것이 사실이겠습니까?: 우리가 꾸란을 보냈는데, 그것을 지키기를 원합니까?

Auch sagen etliche, das Mahmet an vergifft gestorben sey, Und dazumal habe das volck keinen Alcoran gehabt. Aber da Empeumpecer das regiment an nam, befahl er, das ein jeder solt zu samen lesen, was er kündte. Und stellet also den Alcoran, den sie jtzt haben, Die andern verbrandte er.

또한 무함마드가 독극물에 중독되어 세상을 떠났다는 설도 있는데 당시 사람들은 꾸란을 가지고 있지 않았습니다. 그러나 황제가 통치할 때, 그는 모든 사람이 그가 말한 것을 읽어야 한다고 명령했습니다. 그래서 그들이 지금 가지고 있는 꾸란을 두었고, 다른 것들을 불태웠습니다.

Aber im Capitel Elaram stehet vom Alcoran also, Das seine auslegung niemand verstehe, denn Gott allein. Und wer einen hohen verstand hat, dem gleuben wir, Denn es ist alles vom Gott. Und freilich ists war, das in diesem Buch so viel unördiges und unrichtiges ist (wie droben erzelet), das es nichts leret, sondern mit narheit und Lügen alles uberschüt ist. Also sind sie zu letzt eins worden, das dis sey der Alcoran, den sie jtzt haben, und sagen, Gott habe jn Mahmet offenbart, der habe jn aus dem munde Gottes geschrieben.

그러나 엘라람(Elraram) 장에서 꾸란에 대하여 어느 누구도 주석을 이해하지 못하며, 오직 하나님만이 이해한다고 언급합니다. 수준 높은 이성을 가지고 있는 자만이 우리가 믿는 것을 이해합니다. 모든 것이 하나님으로부터 나왔기 때문입니다. 이 책에는 위에서 언급한 것처럼, 부정직하고 부정확한 내용이 너무 많아서 아무것도 배우지 못하며, 모든 것이 어리석음과 거짓말로 가득 차 있는 것이 사실입니다. 그래서 그들이 지금 가지고 있는 꾸란으로 하나가 되었습니다. 하나님은 하나님의 입으로부터 나온 것을 기록한 것을 무함마드에게 계시했습니다.

Elphacae, das ist die grossen Lerer und ausleger, sind noch nie eins worden in seiner auslegung, werden auch nimer mehr eins. Also sind nicht allein die, so gegen morgen wonen, wider die, so gegen abend wonen, sondern auch die gegen morgen unternander selbs uneins, Und die gegen abend auch unternander uneins. Auch in einerley Schulen sind widerwertige secten, also das eine die ander verdampt. Etliche folgen Mahmet, Und der sind die meisten, Etliche folgen Hali, der sind die wenigsten und die besten, Und sagen, Mahmet habe mit freveler gewalt genomen, was der Hali gemacht habe.

위대한 해석가인 엘파카(Elphacae)에는 일치된 해석이 없으며, 앞으로도 더 이상 일치가 되지 못할 것입니다. 저녁에 (논쟁에서) 이긴 자들에 대하여 아침에 (논쟁에서) 이긴 자들뿐만 아니라, 양자 모두 일치되지 못합니다. 일부 학파에는 다른 종파를 혐오하는 혐오스러운 종파가 존재합니다. 대부분은 무함마드를 따릅니다. 할리(Hali)를 따르는 자들은 적지만 최고의 사람들입니다. 그들은 무함마드가 할리가 했던 일을 사악한 폭력으로 가져갔다고 말합니다.

Es stunden aber auff wider alle beide secten etliche gelerte in der Philosophia, fiengen an zu lesen Aristotelem und Platonem, und verliessen alle secten der Sarracenen sampt dem Alcoran. Da das mercket der Caliphas zu Babylon, bawet er Schulen, Academiam und Stantzeriam, die sind seer köstlich, Und wandelt jre Lection in den Alcoran, und ordente, das alle, so aus den Lendern gen Babylon kemen, den Alcoran zu lernen, die solten frey herberge und kost haben. Und gebot, das, welche Sarracenen im Alcoran studirten, solten mit nichten in der Philosophia studirn. Daher halten sie, das die nicht gute Sarracenen sind, so in der Philosophia studirn, Denn sie verachten den Alcoran, aus ursachen droben im viij. und ix. capitel angezeigt.

그러나 두 개의 철학 분파에 학자들은 아리스토텔레스와 플라톤을 읽기 시작했습니다. 모든 사라센인들은 꾸란을 버렸습니다. 바빌론의 칼리프는 돈을 들여서 학교, 아카데미, 건물을 세웠습니다. 그들의 수업을 꾸란으로 바꾸고, 바빌론에서 온 모든 사람들이 꾸란을 배우게 했으며, 무료로 숙소를 제공하게 했습니다. 사라센인들은 철학을 공부하지 않도록 명령했습니다. 그들이 사라센인들이 좋은 사람들이 아니라고 생각하기 때문에, 철학을 공부합니다. 왜냐하면 그들은 위 8장과 9장에서 제시한 것처럼, 꾸란을 멸시하기 때문입니다.

Das XIIII. Capit.

Von einer sonderlichen, schendlichen grossen Lügen und gesicht.

제14장

이상하고 끔찍한 거짓말과 환상에 대하여

Der Mahmet setzt ein ertict gesicht, die sol eine auslegung sein eins stücks des Alcoran. Er spricht im Capitel (der kinder Israel): Lob sey dem, der seinen Knecht lies reisen in einer nacht, von dem Bethaus Elaram, das ist vom hause Mecha, bis an das fernest Bethaus, welchs ist das heilige haus zu Jerusalem. Welchs segenen wir etc Dieses spruchs auslegung sol diese sein, das Mahmet eines tags sein früe gebet im Psalmen sprach, und da er das volendet hatte, sprach er zu den Leuten: O jr Leute, merckt drauff, Gestern da ich von euch gieng, kam Gabriel zu mir nach dem Vesper Gebet und sprach: O Mahmet, Gott lesst dir sagen, du solt jn besuchen. Ich sprach: Wo sol ich jn besuchen? Gabriel sprach: An dem Ort, da er ist. Und er bracht mir ein Thier, das war grösser denn ein Esel und kleiner denn ein Maulpferd, das hies Elmparac.

꾸란의 한 부분을 구성하고 있는 끔찍한 무함마드의 비전에 대한 주석을 하고자 합니다. 그는 이스라엘 자손의 장에서 말합니다.: 그의 종을 하룻밤 사이에 여행하게 하신 이를 찬송할지로다. 엘라람(Bethaus Elaram)의 기도하는 집 곧 메카의 집에서 가장 먼 기도하는 집, 예루살렘의 거룩한 집까지. 우리는 어떤 축복을 축복합니까, 등등. 이 말들에 대한 주석은 다음과 같습니다. 무함마드가 어느 날 시편으로 아침 기도를 했고 끝냈을 때 사람들에게 말했습니다.: 오 사람들이여, 기억하십시오. 어제 저는 당신들에게 갔을 때, 가브리엘이 저녁 기도 후에 나에게 와서 말했습니다.: 오 무함마드여, 하나님께서 당신에게 말씀하게 하셨습니다. 당신은 그를(하나님을) 방문해야 합니다. 저는 말했습니다.: 나는 어디에서 그를 방문해야 합니까? 가브리엘이 말했습니다.: 그가 있는 곳에서. 그리고 그는 나에게 나귀보다 크고 노새보다 작은 동물을 가져왔는데 그 이름은 엘름파락(Elmparac)이었습니다.

Und er sprach zu mir: Da sitze auff und reite, bis zu dem heiligen Hause. Da ich aber wolt auff sitzen, floch das Thier. Er aber sprach: Stehe still, denn Mahmet ists der auff dich sitzen sol. Das Thier antwortet: Bin ich umb seinen willen gesand? Gabriel antwortet: ja. Das Thier sprach: Ich lasse jn nicht auff sitzen, Er bitte denn zuvor Gott fur mich. Und ich bat meinen Gott fur das Thier und satzt mich drauff, Und es gieng seer sanfft under mir, Und es setzet seinen fus so fern es sehen kund, bis ans ende des Himels, Und also kam ich zu dem heiligen Hause neher denn ein einem augenblick.

그가 나에게 말했습니다. 앉아서 거룩한 집으로 가십시오. 그러나 내가 앉고 싶었기 때문에, (내가 앉고 나서) 그 짐승은 도망쳤습니다. 그러나 그가 말했습니다.: 가만히 있으십시오. 무함마드가 네 위에 앉을 것이기 때문이다. 짐승이 대답합니다.: 내가 그를 위해 보내졌습니까? 가브리엘이 대답합니다. 그렇습니다. 짐승이 가로되 내가 그를 앉게 하지 말고, 먼저 하나님께 나를 위하여 기도하십시오. 내가 내 하나님께 그 짐승을 위하여 기도하고 그 위에 앉았더니 그 짐승이 내 아래로 아주 부드럽게 걸으며 우리가 볼 수 있는 한 하늘 끝까지 그 발을 내딛었습니다. 내가 더 가까운 거룩한 집에 도착했습니다.

Gabriel aber war bey mir und füret mich zum Fels im Hause des heiligen Jerusalem, und sprach zu mir: Steig ab, denn von diesem Felsen mustu gen Himel faren. Da steig ich abe. Und Gabriel band das thier Elmparac an den Felsen mit einem Gürtel, Und trug mich auff seinen Schultern bis an den Himel. Da wir nu zum Himel kamen, klopfft Gabriel an die thür, Da sprachs: Wer bistu? Er antwortet: 'Ich bin Gabriel'. Abermal sprachs: Wer ist mit dir? Er antwortet: 'Mahmet'. Der Thurhüter sprach: 'bistu umb seinen willen gesand?' Gabriel sagt: ja. Da thet er uns die Thür auff. Da sahe ich eine grosse menge Engel. Und ich beuget meine knie zwey mal und betet fur sie.

그러나 가브리엘이 나와 함께 있어 거룩한 예루살렘 성전에 있는 반석으로 나를 인도하며 말했습니다.: 내려 가십시오. 나는 이 반석에서 하늘로 올라가야 합니다. 그리고 가브리엘은 엘름파락을 띠로 바위에 묶고 나를 어깨에 메고 하늘로 데려갔습니다. 이제 우리가 천국에 도착했을 때 가브리엘이 문을 두드렸습니다. 누군가 말했습니다.: 당신은 누구십니까? 그는 '나는 가브리엘입니다.'라고 대답합니다. 그들은 다시 말했습니다. 누가 당신과 함께 있습니까? 그는 무함마드라고 대답합니다. 문지기가 말했다. '당신은 그를 위해 보내졌습니까?' 가브리엘은 그렇다고 말하고, 그는 우리를 위해 문을 열었습니다. 그때 나는 많은 천사들을 보았습니다. 그리고 두 번 무릎을 꿇고 그들을 위하여 기도했습니다.

Darnach nam mich Gabriel und furet mich zum andern Himel, Es waren aber die zween Himel so weit von einander, als ein weg, den man in fünffhundert jaren reisen kundte. Und da er anklopffet, ward geantwort gleich wie vor hin. Und also fort bis in den siebenden Himel. In dem selbigen Himel (wie er schreibet) hat er gesehen grosse menge der Engel, Die grösse eines jglichen Engels war viel tausent mal grösser, denn die Welt ist. Ein jlicher hatte sieben hundert tausent Heubte. Ein jglich heubt hatte sieben hundert tausent meuler. Ein jglich maul hatte sieben hundert tausent zungen. Und ein jgliche Zunge lobete Gott mit sieben hundert tausent sprachen.

그 후 가브리엘은 나를 데리고 다른 하늘로 인도했지만, 두 하늘 사이는 500년 동안의 여행 거리라고 알려졌습니다. 그가 문을 두드리자, 대답은 예전과 같았습니다. 그는 일곱 번째 하늘로 가서, 같은 하늘에서(그가 쓴 것처럼) 많은 천사들을 보았습니다. 각 천사의 크기는 세상보다 수천 배 컸습니다. 어떤 한 천사는 70만 개의 머리, 70만 개의 입, 70만 개의 혀를 가지고 있었습니다. 모든 혀는 70만 개의 언어로 하나님을 찬양했습니다.

Und er sahe einen unter den Engeln weinend und fraget, warumb er weinete. Der antwortet, Er hette gesündigt, Da bat er fur jnen. Darnach spricht er. 'Gabriel befalh mich einem andern Engel, Derselb förder einem andern, so fort an, bis ich kam und stund fur Gott und seinem Richtstuel. Da rüret mich Gott mit seiner hand zwisschen den schuldern so hart, das die kelte seiner hand mir gieng durchs marck in meinem Rückbein. Und Gott sprach zu mir: 'Ich hab dir und deinem Volck Gebet auffgelegt'. Da ich nu wider herab kan zu dem vierden Himel, gab mir Mose den Rat, ich solt wider keren hinauff und das Volck erleichtern, denn sie kundten so viel Beten nicht ertragen. Und im ersten widerkomen erlanget ich von zehen bis auffs vierde teil. Und im vierden widerkomen erlangt ich bis auffs siebende teil. Und zu letzt ward die zal der Gebete so geringert, das fast wenig blieben. Da aber Moses sagt, sie kündten so viel noch nicht ertragen, da schemet ich mich, das ich so offt hinauff gefaren war. Und wolt nicht mehr hinauff, Sondern kam wider zum Elmparac und reit jmer hin ab bis zum hause Meche. Und dis alles ist geschehen neher denn im zehenden teil der nacht.

그리고 그는 천사 중 하나가 우는 것을 보고 왜 우느냐고 물었습니다. 그는 자신이 죄를 지었다고 대답하고 그에게 물었습니다. 그런 다음 그는 말합니다. '가브리엘은 나를 다른 천사에게 추천했는데, 내가 와서 하나님과 그의 심판대에 섰습니다. 그때 하나님은 그의 손바닥이 내 뒷다리의 자국을 통과할 정도로 세게 그의 손으로 내 어깨를 흔드셨습니다. 그리고 하나님은 나에게 '나는 당신과 당신의 백성을 위해 기도합니다'라고 말씀하셨습니다. 이제 내가 넷째 하늘로 돌아갈 수 있게 되자 모세는 나에게 다시 올라가 백성을 구원하라고 조언했습니다. 그들은 그들이 그렇게 많은 기도를 감당할 수 없기 때문입니다. 그리고 네 번째 하늘로 돌아오고, 일곱 번째 하늘로 올라갔습니다. 그리고 마침내 기도의 횟수가 너무 줄어들어서 거의 남지 않았습니다. 그러나 모세는 그들이 많이 견디지 못했다고 말했는데, 나는 자주 올라가서 부끄러웠습니다. 이 모든 것들은 늦은 밤이 되었을 때보다 더 빨리 일어났습니다.

Dieses gesichts haben wir viel mehr aussen gelassen, denn wir erzelet haben. Da Mahmet dis allem volck gesagt hatte, fielen wol tausent Menschen von seinem Gesetze abe. Und da sie sagten: 'Lieber, fare bey tage gen Himel, das wir zusehen und schawen, wie dir die Engel begegenen', Wolt er seine Lügen nicht erkennen, Sondern sprach: 'Gott sey lob, Ich bin nichts anders denn ein Mensch und doch ein Apostel'.

우리가 이것을 이야기했을 때, 많은 사람들이 떠났습니다. 무함마드가 모든 백성들에게 이 말을 했기 때문에, 수천 명의 사람들이 그의 법에서 벗어났던 것입니다. 그리고 그들이 말했습니다. '사랑하는 이여, 우리가 천사들이 당신을 어떻게 대하는지 지켜보고 있는 동안 하늘로 가십시오.' 그는 그의 거짓말을 인정하고 싶지 않았습니다. 그러나 이렇게 말했습니다. '하나님께 찬양드립니다. 저는 한 사람의 인간이며 사도일 뿐입니다.'

Also im Capitel (von Propheten) sagt er von denen, so von jm Wunderzeichen begerten, Und zu Mahmet also sprachen: Du sagst viel treume, und heuffest lesterung, oder redest Poetisch, Bringe uns zum wenigsten ein Wunderzeichen, gleich wie die vorigen gethan haben, Antwortet er: Wir (spricht Gott) haben Stedte umbgekeret fur den Ungleubigen, Meinstu das diese gleuben würden? Was warten sie denn auff Wunderzeichen? Darauff antwortet er nu: Die vor euch gewest, die haben den Wunderwercken nicht gleuben wollen, So würdet jr auch den Wunderzeichen nicht gleuben, on durchs Schwert.

그는 선지자(von Propheten) 장에서 기적의 표적을 원하는 자들에 대해 말했습니다. 그들은 무함마드에게 이렇게 말했습니다.: 당신은 많은 꿈을 꾸고, 하나님을 모독하며, 시적으로 말합니다. 이전 분들이 하셨던 것처럼, 우리에게 최소한의 기적의 표적을 가져다 주십시오. 그는 대답했습니다.: 우리(하나님이 말씀하신다)는 불신자들을 위하여 도시를 개종시켰습니다. 그들이 믿겠습니까? 그들이 기적의 표적을 기다리는 이유는 무엇입니까? 그들은 이에 대하여 대답했습니다.: 당신보다 먼저 온 사람들, 기적을 믿기를 원하지 않는 사람들, 그들은 칼로 하는 기적의 표징을 믿지 않을 것입니다.

Hie höret nu jr Saracenen, so den Alcoran fur warheit halten, Er selbs Mahmet zeuget, das er kein wunderzeichen gethan habe, Und der ist viel mehr, die das schwert auffgefressen hat, denn die so jm williglich gefolgt haben, wie droben gesagt.

이제 꾸란을 진리로 여기는 사라센인들의 말을 들어 보십시오. 그는 무함마드가 기적을 행하지 않았으며, 위에서 언급했던 것처럼, 기꺼이 그를 따랐던 사람들보다 칼로 죽인 사람들이 많았다고 증언합니다.

Und diese schendliche Lügen und falsch geticht solt allein gnugsam sein zu verlegen, alles was Mahmet gesagt und gethan hat, Denn wie nu offt gesagt, hat jn der heilige Geist so gröblich lassen liegen, das ein jglicher sein falsch geticht leichtlich erkennen möchte: jtzt sagt er von sich selbs unerhörte wunder, jtzt sagt er, das er kein Wunder gethan habe, jtzt sagt er, das er sey ein Mensch und Bote, jtzt sagt er, das er mehr denn ein Engel und uber die Engel sey.

그리고 이러한 부끄러운 거짓말과 거짓만으로도 무함마드가 말하고 행한 모든 것을 당혹스럽게 만들기에 충분합니다. 왜냐하면 자주 언급하는 것처럼, 성령께서 그를 너무나 무례하게 거짓말하게 하여 어느 누구도 쉽게 자신의 거짓을 알아볼 수 있게 하셨기 때문입니다. 이제 그는 자신에 대해 들어 본 적 없었던 기적을 행하지 않았다고 말하며, 이제는 사람이자 사신이라고 말합니다. 이제는 자신이 천사 이상이며 천사 이상의 존재라고 말합니다.

Und wo zu dorfft er eins Esels oder Thiers von Mecha bis gen Jerusalem, so er kundte bis zum eussersten Himel komen on Esel? Und wie künd er so grossen glantz der Engel im Himel leiden, der da sagt, Wenn jm ein Engel erschein, alwege zur erden fiel, lag und scheumet, und krümmeten sich seine Hende und Füsse? Dazu sagt er nicht, das er sey in solchen gesicht entzucht, Sondern mit leib und Seele hinauff gefaren. Und zu warzeichen spricht er, Gott habe mit seiner Hand jn zwischen den schuldern gerüret und habe die kelte gefület durch marck im rückenbeine.

그리고 그가 나귀 없이 가장 하늘에 올 것이라고 알렸다면 왜 그가 메카에서 예루살렘까지 나귀나 짐승을 데려가야 했습니까? 그리고 어떻게 그토록 밝게 빛나는 하늘에 있는 천사들이 고난받고 있다고 알렸습니까? 천사가 나타날 때에는 항상 땅에 엎드려 누워서 떨며 손발이 구부러져 있는 것입니까? 이에 대해 그는 자신이 그런 얼굴로 배신당했다고 말하지 않고 몸과 영혼이 거기에 올라갔습니다. 그리고 경고로 하나님이 어깨 사이에 손을 얹으시고 뒷다리를 통해 추위를 느끼셨다고 합니다.

Das XV. Capit.

Von sechs gemeinen fragen im Alcoran, wider die Sarracenen.

제15장

사라센인들에 반대하는 꾸란의 여섯 가지 공통적인 질문들에 대하여

Sechs fragen wollen wir den Sarracenen furhalten, Auff welche, so sie nicht antworten können, billich sich erkennen solten und zur warheit bekeren.

우리는 사라센인들에게 여섯 가지 질문을 하고자 합니다. 그들이 대답할 수 없다면, 그들은 이 질문에 대하여 올바로 인식하고 그것들이 진리라고 고백해야 합니다.

Das Erste: Was wil der Alcoran damit, das er so offt Gott einfürt redend als in viel personen? Denn so spricht er im Cap. Elmpacaram in Gottes person: 'Wir haben den Engeln geboten, das sie Adam solten anbeten'. Und so fort an lesst er Gott reden durchs gantze Buch bis zu ende, jtzt als viel personen, jtzt als eine persone, So es doch gewis ist bey den Saracenen so wol als bey den Christen, Das Gott einig ist und keinen gesellen noch gleichen hat.

첫째, 꾸란은 많은 사람들에게 그렇게 자주 말씀하시는 하나님을 소개함으로써 무엇을 원합니까? 꾸란은 엘파카람(Elmpacaram) 장에서 하나님의 인격에 대하여 언급합니다.: '우리는 천사들에게 아담을 경배하라고 명령했습니다.' 그리고 즉시 그는 하나님이 책 전체를 통해 이제 수많은 인격으로, 하나의 인격으로 많은 사람들에게 말씀하시게 하며, 사라센인들과 그리스도인들이 하나님은 한 분이시며 동료가 없으시며, 동일한 분이라는 것을 확신하게 했습니다.

Denn sie können hie nicht sagen, das Gott in seiner und der Engel person also rede, Denn er rede solchs zu den Engeln, oder von den Engeln, da er spricht: Wir haben den Engeln geboten. Und ist diese rede Gottes, nicht der Engel, sondern von den Engeln. Wie auch das Cap. Sad zeuget, Das alle Engel haben Adam angebetet on der Teuffel.

그들은 여기서 하나님이 자기와 천사의 인격 안에서 이와 같이 말씀하신다고 말할 수 없습니다. 왜냐하면 그분은 천사들에게 이렇게 말씀하시기 때문입니다.: 우리는 천사들에게 명령했습니다. 여기서 천사가 아니라 천사들이라고 언급됩니다. 사드(Sad) 장은 마귀가 아니라, 모든 천사들이 아담을 숭배했다고 증언합니다.

Solche rede Gottes als in vielen personen geredt füret er an vielen örten im Alcoran, dazu in solchen wercken, darin die Engel mit Gott nicht können teil oder gemeinschafft haben, als in der welt Schepffung, und rechtfertigung des Gottlosen etc. Denn an vielen örten stehet also: 'Wir haben Himel und Erden geschaffen und was da zwisschen ist'. Und wir haben den Menschen nicht vergeblich gericht, Und wir haben gesand den Son Marie, Und wir haben jm den heiligen Geist gegeben, und das Euangelium und Wunderwerck, und der gleichen, In welchen wercken die Engel mit Gott nicht teil noch gemeinschafft haben mügen, Denn sie sind selbs geschaffen von Gott und schaffen nicht mit Gott Himel und Erden etc.

다양한 인격으로 말씀하신 하나님은 꾸란에서 여러 곳에서 듣게 됩니다. 거기서 천사들은 하나님의 세상의 창조와 불경건한 자들을 의롭게 하시는 것처럼, 하나님과 교제를 할 수 없습니다. 많은 곳에서 언급합니다. '우리는 하늘과 땅과 그 사이의 모든 것을 창조했습니다.' 또 우리가 사람을 헛되이 심판하지 아니하고 아들 마리를 보내어 그에게 성령과 또 복음과 기적을 주었습니다. 또 이와 유사한 것을 주셨으니 그 일에 천사들은 하나님과 함께 하지 않았으며, 교제하지도 않았습니다. 왜냐하면 하나님께서 그들을 창조하신 것이며, 그들은 하나님과 함께 하늘과 땅을 창조한 것이 아니기 때문입니다.

So können die Sarracenen auch nicht sagen, das solche rede sey Gottes und eines andern wesens, das da möcht heissen Weisheit oder verstand uber den geschaffen verstand, durch welchen Gott alles schaffe. Denn das ist offenbar, was ausser Gott ist, das ist eine Creatur oder von Gott geschaffens wesen. Denn die Creatur ist nicht zu gleich ein wesen von Gott geschaffen und mit Gott eine schepfferin.

따라서 사라센인들은 하나님의 말씀을 하나님과 다른 본질의 것이라고 말할 수 없습니다. 그것은 만물을 창조하신 하나님을 통하여 피조된 이성 이상의 지혜와 이성이라고 부를 수 있습니다. 하나님 밖에 있는 것은 피조물을 혹은 하나님에 의하여 피조된 존재라는 분명합니다. 피조물은 피조물이면서 하나님과 더불어 창조한 창조주는 아니기 때문입니다.

Auch kan man nicht sagen, das Gott also rede, umb vieler seiner eigenschafft oder namen willen, Als das er heisst die ewige Gewalt, Weisheit, Gerechtigkeit, Gütigkeit etc, Welche die Araber nennen Saphat. Denn dis alles sind nicht sonderliche und andere wesen ausser Gott, sondern das einige Göttlich wesen selbs, Ja es mag auch kein Engel noch Mensch von sich selbs als vielen reden um solcher eigenschafft willen, da sie doch nicht das wesen selbs sind, sondern bey sig und absein mügen.

또한 하나님이 그의 많은 속성이나 이름을 위해 그렇게 말씀하신다고 해서 아랍인들이 사파트(Saphat)라고 부르는 영원한 능력, 지혜, 정의, 선함 등을 의미한다고 말할 수도 없습니다. 이들은 다 하나님과 별개의 다른 존재가 아니며, 오직 한 신적 존재 그 자체입니다. 어떤 천사나 사람도 그러한 속성을 인하여 스스로 많은 속성을 가지고 있다고 말할 수 없습니다. 그들이 같은 존재가 아니기 때문에 떨어져 있어야 합니다.

War ists, man findets an einem ort in Mose, das Gott auff solche weise redet, Gen. j.: Lasst uns Menschen machen nach unserm bilde. Welchs die Jüden dahin deuten, Das Gott mit den Engeln rede, Aber das ist wider die heilige Schrifft, die nicht sagt, das der Mensch nach der Engel bilde gemacht sey, Sondern nach Gottes bilde, Wie es Moses selbs bald hernach deutet: Gott schuff den Menschen nach seinem bilde, nach Gottes bilde schuff er jn. Darumb ist dis eine rede des Vaters zum Sone, oder der gantzen Dreifaltigkeit zu sich selbs, Denn Gott ist einig im wesen und Dreifeltig in personen.

그것은 사실입니다. 하나님께서 창세기 1장에서 말씀하십니다.: 우리의 형상을 따라 사람을 만들자. 유대인들이 하나님이 천사들에게 말씀하신다는 의미로 해석하는 것은 성경에 어긋나는 것입니다. 성경은 사람이 천사의 형상대로 지음을 받지 않고 모세 자신이 곧 해석한 대로 하나님의 형상대로 창조되었다고 말합니다. 하나님이 자기 형상 곧 하나님의 형상대로 사람을 창조하시니라. 따라서 성부께서 성자에게 하신 말씀 또는 전체 삼위일체 하나님이 자신에게 하신 말씀하신 것입니다. 하나님은 본질에 있어서 유일하시고, 인격에 있어서는 세 인격이십니다.

Also hette Mahmet auch wol mügen aus seinen eigen worten vermanet, da Gott sich Wir oder 'uns' nennet, sagen, das es ein Gott und drey Personen weren, Aber er macht unter rechten worten einen falschen verstand, als müsten drey Personen drey Götter sein. Darumb spricht er im Capitel Elnesan: O jr geselschafft des Buchs, Seid nicht lass in ewerm Gesetz und sagt nichts von Gott, denn die warheit, Das Christus Jhesus, Marien son, ist ein Apostel Gottes, und Gottes wort sey, Welchs er in sie gesagt hat durch den heiligen Geist. Sie, da nennet er die drey: Gott, Wort, Heilige geist, doch das er nicht drey Götter umb der dreier willen bekenne, setzt er flugs drauff: jr solt nicht sagen, das drey Götter sind, Denn Gott ist ein eniger Gott. Also hat jn der heilige Geist vermanet und getrieben, das er hat müssen mit worten unsers Glaubens höchsten Artickel aussprechen, und doch falschen verstand da wider hinein gefürt. Denn wir auch sagen, das Gott einig sey, und doch Gottes Wort und Heiliger geist bey Gott sind, und nicht drey Götter.

그래서 무함마드는 신이 스스로를 우리 또는 '우리들'라고 부르기 때문에 한 분 하나님과 세 위격이 있다고 자신의 말로 표현할 수 있었지만, 마치 세 위격이 세 신이어야 하는 것처럼 올바른 말을 잘못 이해하고 있습니다. 그렇기 때문에 그는 엘네산(Elnesan) 장에서 이렇게 말합니다.: 책의 가족들이여, 아무 법에나 속하지 말고 하나님에 대하여 아무 말도 하지 마십시오. 진리이신 그리스도 예수는 마리아의 아들이여, 하나님의 사도이며 하나님의 말씀입니다. 곧 성령을 통하여 언급된 하나님의 말씀입니다. 그는 세 분의 하나님으로 불립니다. 하나님, 말씀, 성령. 세 분의 신들이 아닙니다. 왜냐하면 하나님은 한 분 하나님이시기 때문입니다. 그래서 성령은 우리 믿음의 가장 높은 것을 말로 표현합니다. 그릇된 마음을 거기에 끌어들이라고 권면하십시오. 우리도 하나님은 한 분이시나 하나님의 말씀과 성령은 하나님과 함께 계시고 세 분의 신이 아니라고 말합니다.

Die ander frage: Der Alcoran gedenckt stets des heiligen Geists und des Worts Gottes. Wer ist denn der heilige Geist, und wer ist das Wort Gottes? Denn im Capitel Elpalceram spricht Gott: 'Wir haben gegeben Jhesu dem Son Marie, das er thun sol öffentliche Wunder und Zeichen und haben jn volkomen gemacht, durch den heilige Geist'. Und solchs zeucht er jmer an durchs gantz Capitel, Und im Cap. Elmaide, Maria: 'Wir haben in sie den heiligen Geist gegossen', Und an viel örden redet er also.

다른 질문: 꾸란은 항상 성령과 하나님의 말씀을 기억합니다. 그러면 성령은 누구이며 하나님의 말씀은 누구입니까? 하나님이 엘팔케람(Elpalceram) 장에서 말씀하십니다.: '우리는 예수를 마리아의 아들로 주었다. 그는 공개적으로 기적과 표적을 행했으며, 성령을 통하여 완성했다.' 그는 전체 장을 통하여 항상 암시합니다. 엘마이데(Elmaide)에서 마리아: '우리는 성령을 그녀에게 부어 주었다.' 그는 많은 곳에서 이렇게 말합니다.

Hie können die Sarracenen nicht sagen, das er eine Creatur sey, wie ein Engel oder guter Geist. Denn er (das ist Gott) redet von einem heiligen Geist, Aber der Engel sind viel, alle heilig, und alle Gottes Geister. Warumb redet er denn als von einem sonderlichen, und spricht den 'heiligen', und unsern Geist? Auch were es nicht ein sonderlich lob, das Gott Christo, den der Alcoran wil seer hoch loben, solt nicht mehr gegeben haben, denn einen Engel oder heiligen Geist als zum hüter. Denn das thut er allen menschen, wie der Alcoran sagt im Cap. Elmaice: Gott macht seine geister zu Engeln und uns zu Aposteln.

여기서 사라센인들은 그가 천사나 선한 영과 같은 피조물이라고 말할 수 없습니다. 그(하나님)는 성령을 말씀하시지만, 수많은 천사들은 거룩하고 모든 하나님의 영입니다. 그러면 왜 그는 특별한 사람에 대해 말하고 '거룩한' 것과 우리의 영에 대해 이야기합니까? 꾸란은 하나님이신 그리스도께 보호자로서의 천사 혹은 성령 이상의 특별한 찬양을 드리기를 원하지 않습니다. 엘마이케(Elmaice) 장에서는 말하는 것처럼 하나님께서는 모든 사람들에게 그렇게 하십니다.: 하나님께서 그의 영들을 천사와 사도들로 만드셨습니다.

Weiter die Engel können (noch keine Creatur) keinen Menschen heiligen, sondern es mus Gott sein, der das, beide durch und on mittel, thu. Und er allein kan sünde vergeben, wie der Alcoran sagt. So mus solcher geisst, der solche werck thut, warer Gott sein, wie der auch, der von solchem Geist spricht: Wir haben den heiligen Geist gegeben, und haben den heiligen Geist eingegossen etc. So nu mus ein einiger unzertrenlicher Gott sein, folget hieraus, das der den geist gibt und der Geist, so gegeben wird, müssen wesentlich ein Gott, personlich unterscheiden sein.

더욱이 피조물이 아닌 천사들은 인간을 거룩하게 할 수 없지만, 그들을 도구로 활용하는 분은 하나님이셔야 합니다. 꾸란이 언급한 것처럼, 그분만이 죄를 용서할 수 있습니다. 그러한 일을 하시는 분은 그러한 영이시며, 참된 하나님이십니다. 그 영에 대하여 말하자면: 우리는 성령을 주었으며, 부어 주었습니다. 한 분이시며 나누어지지 않는 하나님이십니다. 영을 주신 분과 주어진 영은 본질적으로 한 분 하나님이시며, 인격적으로 구별됩니다.

Also mus aber mal Mahmet, wiewol unwissend, mit worten wider sich selbs unsers Glaubens höhesten Artickel bezeugen, und verstehet nicht, was er saget.

그래서 무함마드는 무지합니다. 우리의 고귀한 신앙을 말로 증언해야 하지만, 그가 말하는 것을 이해하지 못합니다.

Die dritte frage: Eben so mügen wir auch fragen vom Wort Gottes, Denn im Capitel Abraham, Sprechen die Engel zu der heiligen Maria: O Maria, Gott hat dich uber alle Weiber erhaben. Und bald hernach: O Maria, Gott verkündigt dir, oder sein wort verkündigt dir. Und im Cap. Elnesan spricht er: Sagt nichts von Gott denn die warheit, das Christus Jhesus, Marien son, Ein Apostel Gottes sey, Und Gottes Wort sey, das er in sie gelegt hat durch den heiligen Geist. So bekennet er nu allerding, das Christus Gottes wort sey.

세 번째 질문: 우리도 하나님의 말씀에 대해 물어야 합니다. 아브라함(Abraham) 장에서 천사들이 거룩한 마리아에게 말하기 때문입니다.: 오 마리아여, 하나님께서는 당신을 모든 여자 위에 높이셨습니다. 그리고 얼마 후: 오 마리아여, 하나님께서 당신에게 선포하거나 그의 말씀이 당신에게 선포됩니다. 그리고 엘네산(Elnesan) 장에서 말합니다. "하나님에 대하여는 아무것도 말하지 마십시오. 마리아의 아들 그리스도 예수는 하나님의 사도이시며, 성령으로 말미암아 그 속에 두신 하나님의 말씀이라는 진리를 말하십시오. 그래서 그는 이제 그리스도가 하나님의 말씀이라고 고백합니다."

Hie fragt sich nu billich, Was solch Gottes wort sey; obs sey ein menschlich vergenglich wort, oder ein wesentlich wort. Man kan nicht sagen, das ein Menschlich worts sey, Denn es sol Gottes wort sein, so ist auch Menschlich wort nicht durch den heiligen Geist in Maria gelegt, viel weniger von jr geborn.

여기서 정당한 질문을 하게 됩니다. 하나님 말씀은 무엇입니까?; 그것이 인간적으로 단순한 단어이든, 필수적인 단어이든. 인간의 말이라고 말할 수는 없습니다. 왜냐하면 그것은 하나님의 말씀이어야 하기 때문입니다. 따라서 인간의 말은 성령에 의해 마리아 안에 두지 않았고, 그녀로부터 난 것도 아닙니다.

Auch so redet das Euangelium und Alcoran von einem einigen wort Gottes, das nicht eines Menschen stimme ist. Denn das menschelich Wort, so auch Gottes wort heisst und ist, der ist viel, und ist durch die selbigen nicht Himel und Erden geschaffen noch von Maria geborn.

물론 복음서와 꾸란은 인간의 말이 아닌 유일한 하나님의 말씀을 합니다. 하나님의 말씀이라고 불리는 인간의 말은 많습니다. 이것을 통하여 하늘과 땅이 창조된 것이 아니며, 마리아를 통하여 생긴 것도 아닙니다.

Und was were das fur ein sonderlich lob Christi, das er darumb solt Gottes wort sein, das er Gottes Wort predigt, so doch alle Propheten Gottes wort predigen und dennoch keiner Gottes wort heisst: allein

Christus heisst Gottes Wort im Euangelio und Alcoran. Mahmet aber wil Christum weit uber alle Propheten heben, Darumb das er Gottes wort ist.

그리고 그리스도께서 하나님의 말씀이시며 그리스도께서 하나님의 말씀을 설교하시는 것은 특별한 그리스도에 대한 찬양입니다. 물론 모든 선지자들이 하나님 말씀을 설교하지만, 어느 누구도 하나님의 말씀이라고 불릴 수 없습니다. 복음서와 꾸란에서 오직 그리스도만이 하나님의 말씀을 의미합니다. 그러나 무함마드는 그리스도가 하나님의 말씀이시기 때문에 모든 선지자보다 훨씬 뛰어나게 그리스도를 높이길 원합니다.

Wil er aber von wesentlichen unvergenglichen wort reden, so ists offenbar, das es mus sein ein ewiges wort und warhafftiger Gott. Denn gleich wie das wort, aus vergengliches Menschen mund gesprochen, vergenglich sein mus, Also mus das wort, so aus dem ewigen munde Gottes gehet, durch welchs wie der Alcoran bekennet Himel und Erde geschaffen ist, ewig und unvergenglich und also ein warhafftiger Gott sein. Nu aber nicht denn ein Einiger Gott sein kan, so folget hieraus, das Gott und sein Wort müssen wesentlich ein Gott und doch persönlich unterscheiden sein. Und dis ist das wort, durch welchs Gott alles gesprochen und gemacht hat, wie auch im Alcoran stehet. Das also Mahmet hie abermal mit worten, ja mit unsern worten (wie wol unwissentlich) bekennet den hohen Artickel von der heiligen Dreifaltigkeit in Gott.

그러나 그가 영원하신 본질적 말씀이시기 때문에, 그것은 영원한 말씀이시며, 참된 하나님이심이 분명합니다. 사멸한 인간의 입에서 나온 말이 사멸하는 것처럼, 말씀은 영원하신 하나님의 입에서 나와야 합니다. 꾸란은 하늘과 땅이 창조되었으며, 영원하고 불멸하며 참된 하나님을 고백합니다. 이것은 한 분 하나님이 될 수 있는 것이 아니라, 하나님과 그의 말씀이 본질적으로 한 분 하나님이며, 인격적으로 구별된다고 귀결됩니다. 이것은 꾸란에 기록된 것처럼, 하나님께서 말씀을 통하여 만물을 만드셨습니다. 무함마드는 말로, 우리의 말로 (무의식적으로) 숭고하신 삼위일체 하나님을 고백합니다.

Da nu Mahmet höret, das die Christen predigen, das Gott einen son habe, kundte er nicht höher dencken, denn das on weib kein son sein kündte. Drumb füret der grobe gesel hie wider kein andere ursache, denn das Gott kein weib habe, Und dacht nicht, das David im Psalter, den er ja hoch lobet, Gotte viel Söne gibt, da er spricht, Psal. Lxxxj: Jr seid Götter und kinder des Allerhöhesten, Und Gott doch hie zu weder ein noch viel weiber hat.

이제 무함마드는 그리스도인들이 하나님께 아들이 있다고 설교하고 있다는 소식을 들었을 때, 아내가 없이는 아들을 가질 수 없다고 생각했습니다. 그러므로 미련한 자는 하나님께 아내가 없는 것 이외에 다른 이유를 말하지 않습니다. 그리고 다윗이 높이 찬양하는 시편에서 말할 때 하나님께 많은 아들이 있다고 생각하지 않았습니다. 그는 시편 81편에서 이렇게 말합니다.: '너희들은 신들이요, 지극히 높으신 분의 자녀들이다.' 그러나 여기서 하나님은 한 명 혹은 수많은 부인들을 거느리고 있지 않습니다.

Auch so es ummüglich ist, Son zu haben on weib, So mus es eben so ummüglich sein, das Weiber Söne haben on Menner. Warumb gleubt er denn, das Maria on Man einen Son hat? Aber er ist zu grob hie zu, das er solt verstehen, Wie Gott einen son habe. Und redet doch die wort da her, wie ers von den Arianen gelernt hat, das Christus Gottes Wort sey, aller dinge wie eine Dale lernt den Menschen sprache, die sie nicht verstehet.

아내 없이 아들을 낳는 것이 불가능한 것처럼, 아내가 남편 없이 아들을 낳는 것도 불가능합니다. 왜 그는 마리아가 남자에게서 아들을 낳는다고 믿는 걸까요? 그러나 그는 여기서 하나님이 어떻게 아들을 갖게 되었는지 잘 이해하지 못합니다. 그리고 여전히 거기에서 그가 아리우스파에게서 배웠던 것처럼 그리스도는 하나님의 말씀이라고 말합니다. 사람의 언어를 배우지만, 어떤 것도 이해하지 못하는 사람처럼 모든 것을 배웁니다.

Das mercke dabey, da er gesagt hatte, das Christus Gottes wort sey, Setzt er da zu, das Christus bey Gott sey, gleich wie Adam, zu dem er sprach, da er jn machet aus erden: 'esto', Sey ein Mensch. Wie reimet sich das mit dem, da er sagt, Das Gott habe sein wort und seinen heiligen Geist in Marien gegossen? Und also das wort aus Maria geborn ist.

그가 그리스도께서 하나님의 말씀이라고 말했을 때 그는 아담과 같이 그리스도도 하나님과 함께 계신다고 덧붙인 것을 주목하십시오. 하나님께서 아담을 흙으로 지으셨을 때 이렇게 말씀하셨습니다. '사람이 되어라.' 이것이 하나님께서 마리아에게 그의 말씀과 성령을 부어 주셨으며, 마리아로부터 말씀이 나셨다는 것과 어떻게 일치합니까?

Solt er aber darumb Gottes Wort heissen, das er wie Adam geschaffen, und von jm gesagt ist: 'Esto', sey Christus Marie son, so müssen dem alle Creatur nach Gottes wort heissen. Denn zu allen gesagt ist: 'Esto', Sey oder werde; so were Christus nicht das Wort, durch welchs alles gemacht ist. Wie er doch droben bekand, sondern er selbs auch durch ein ander wort gemacht sein muste, wie alle Creaturen.

그가 아담처럼 창조되었기 때문에, 하나님의 말씀이라고 불려져야 한다면, 이렇게 말해질 것입니다.: '사람이 되어라.' 그리스도는 마리아의 아들이다. 모든 피조물은 하나님의 말씀에 따라 그렇게 (창조되었다고) 불려져야 합니다. 왜냐하면 그것은 모든 사람에게 '되어라'라고 말해지기 때문입니다. 따라서 그리스도는 만물을 지은 말씀이 아니게 됩니다. 위에서 언급했듯이 그 자신도 모든 피조물과 마찬가지로 다른 말로 만들어져야만 했습니다.

Die vierde Frage: Warumb lobet Mahmet so hoch Mosen, Hiob, David, und spricht, der Psalter sey ein eddel Buch; Uber alle bücher aber lobet er das Euangelium, da er bekennet, das Warheit und seligkeit drinnen sey. Es fraget (sage ich) billich, Warumb die Sarracenen solche Bücher nicht lesen, noch haben, noch leren, die der Mahmet so lobet und dahin weiset?

네 번째 질문: 왜 무함마드는 모세, 욥, 다윗을 그렇게 높이 찬양하며 시편을 고귀한 책이라고 말합니까? 그러나 그는 무엇보다도 복음서가 진리와 행복을 담고 있다고 고백하기 때문에 복음서를 찬양합니다. 왜 사라센인들은 무함마드가 그렇게 칭찬하며, 가리키는 그런 책을 읽지도 않고 가지지도 않고 배우지도 않는 것입니까?

Denn die Christen, da sie höreten solche Bücher von Christo gelobt, Namen sie dieselben von den Jüden und verdolmetschten sie in allerley Sprachen, halten sie noch hoch, lesen und predigen sie in jren Kirchen. Denn das die Sarracenen fur geben aus jren Mahmet, Die Jüden haben das alte testament, die Christen das Newe verfelscht, und nichts warhafftigs in der welt blieben, denn so viel im Alcoran ist, Solch ist droben uberweiset, das erlogen sey. Denn das ist wider den Alcoran selbs, der seine Sarracenen zu solchen Bücher weiset, und spricht, Es sey Warheit und Seligkeit im Euangelio. Und wo sie zweiveln im Alcoran, sollen sie das Euangelium fragen, Und laut nicht, das solcher grosser Prophet zu falschen Bücher weisen solt.

그리스도인들은 그리스도께서 칭찬하신 그런 책들을 듣고 유대인들로부터 같은 책을 물려 받아, 여러 언어로 번역하여, 그들의 교회에 그것을 듣고, 읽고 전파했습니다. 사라센인들은 무함마드에게 그것을 주었습니다. (무함마드는 생각하기를) 유대인들은 구약성경을, 그리스도인들은 신약성경을 위조하여, 세상에 진리가 남아 있지 않습니다. 왜냐하면 많은 것들이 꾸란에 있기 때문입니다. 그러한 것은 위에서 거짓말이라고 위에서 증명되었습니다.

이것은 사라센인들을 그러한 책으로 인도하는 꾸란 자체와 모순된 것입니다. 복음서에는 진리와 구원이 있습니다. 그들이 꾸란을 의심하는 곳에서 복음서에 대해 질문해야 합니다. 그러한 위대한 선지자가 거짓된 책을 가리키고 있다고 말해서는 안 됩니다.

Aber dis ist die ursache, Warumb die Sarracenen solche Bücher nicht lesen. Denn jre gelereten wissen, Wo die Sarracenen solche heilige Warhafftige Bücher lesen, würden sie die lügen des Alcorans gar leichtlich finden. Darumb hat der Alcoran sich selbs aus Teuffels bosheit verwaret, das seine Lügen nicht offenbar würden, und vierley wehre dafur gebawet. Die Erste, das er gebeut, sie sollen tödten alle, die wider den Alcoran reden, Wie droben cap.iiij. Die ander: Sie sollen nicht disputirn mit leuten von andern secten. Die dritte, Verbeut er zu gleuben allen, die nicht seiner Secten sind, Als im Cap. Abraham: Jr solt niemand gleuben, on denen, die unserm Gesetze folgen. Die vierde, das er sich von allen sondert und spricht: Mir mein Gesetz, Euch ewer Gesetz.

그러나 이것이 사라센인들이 그러한 책들을 읽지 않는 이유입니다. 학자들은 사라센인이 거룩한 진리의 책을 읽는 곳에서 꾸란의 거짓말이 쉽게 탄로난다고 알고 있습니다. 꾸란은 마귀의 악으로 인하여 거짓말이 드러나지 않을 것이라고 미리 알고 있어서 네 번이나 그것을 위하여 변호합니다. 우선 위 4장처럼 꾸란을 반대하는 모든 자들을 죽이라고 명령합니다. 두 번째, 그들은 다른 종파 사람들과 논쟁해서는 안 됩니다. 세 번째, 아브라함(Abraham) 장에서처럼, 다른 종파의 모든 사람들을 믿는 것을 금지합니다.:

우리의 법을 따르는 사람들을 믿어서는 안 됩니다. 네 번째, 모든 것으로부터 자신을 분리하고 말합니다.: 나에게는 나의 법, 너희에게는 너희의 법.

Sonst, wo die Sarracenen wolten dem Alcoran folgen, da er Mosen, David, Salomon und das Euangelium also hoch lobet, das Warheit und seligkeit drinnen sey, würden sie wohl zu recht komen. Aber nu bleiben sie verdampt auch durch jren eigen Alcoran, der sie zu rechten Büchern weiset, Und sie doch dieselben verachten.

그렇지 않으면 사라센인들이 꾸란을 따르고자 했던 곳에서, 모세, 다윗, 솔로몬, 그리고 진리와 구원이 담겨있는 복음서를 너무 높이 찬양했기 때문에 아마도 맞을 것입니다. 그러나 이제 그들은 올바른 책을 알려주는 그들 자신의 꾸란에 의해 저주를 받은 채로 남아 있지만, 여전히 그들은 이와 같은 것들을 경멸합니다.

Die fünfft frage, Warumb der Mahmet diese wort jmer anzeucht: 'Gleubt Gott und dem Apostel, Gehorcht Gott und dem Apostel, folget Gott und dem Apostel' etc. Denn daher sihets, als wolt Mahmet sich selbs Gotte zum gesellen und gleichen setzen, so er doch jmer treibet, Es sey ein Gott und habe keinen gleichen noch gesellen. Denn das Christus sagt: 'Gleubt jr an Gott, so gleubt auch an mich', das thut er billich, Denn er ist natürlicher Gott und Gott von ewigkeit gleich. Sonst pflegen die Propheten nicht also zu reden, das sie sich Gotte gesellen oder gleichen, Und sagen: Höret Gott und mich, folget Gott und mir.

다섯 번째 질문, 왜 무함마드는 항상 이 단어를 암시합니까? '하나님과 사도를 믿고, 하나님과 사도에게 순종하고, 하나님과 사도를 따르십시오' 등. 따라서 무함마드는 하나님께 동료와 같은 존재를 항상 설정하려고 합니다. 그러나 하나님은 한 분이시며, 동일한 것 혹은 동료는 없습니다. 그리스도께서 말씀하셨습니다.: '너희가 하나님을 믿으면 나도 믿으라' 이것은 타당합니다. 왜냐하면 하나님으로 자연스럽게 하나님이시며 영원히 동일하시기 때문입니다. 선지자들이 하나님께 동료 혹은 동일한 분이 계신다고 말해서는 안 되는 것입니다. 이렇게 말해서는 안 됩니다.: 하나님과 내 말을 듣고 하나님과 나를 따르라

Die sechste Frage: Weil der Alcoran von Christo viel und herrlich ding saget, Aber von Mahmet wenig und geringe, Warumb folgen die Sarracenen nicht lieber Christo denn Mahmet, Und lieber dem Euangelio denn dem Alcoran? Und auff das beides deste klerlicher scheine, wollen wir schwartz und weis gegenander setzen und hören, Was der Alcoran von beiden sagt.

여섯 번째 질문: 꾸란은 그리스도에 대해 많은 놀라운 것을 말하지만 무함마드에 대해서는 거의 말하지 않습니다. 사라센인들은 무함마드 보다 그리스도를, 꾸란보다 복음서를 따르지 않는 이유는 무엇입니까? 그리고 둘 다 최소한의 성직자처럼 보이도록 서로에 대해 흑백으로 앉아 꾸란이 이 두 분에 대하여 말하는 것을 들어봅시다.

Von Christo sagt der Alcoran, das er sey seiner mutter verkündigt durch einen Engel und geheiliget durch den heiligen Geist, und durch die krafft Gottes des allerhöhesten empfangen, nicht nach natürlicher krafft, Und von der aller heiligsten Jungfrawen Maria, die unter allen Weibern die reinest ist, geborn. Aber von Mahmet sagt er der keines, sondern das er ein Waise und Elende, und von Gott gemietet sey.

꾸란은 그리스도에 대하여 언급합니다. 그는 천사를 통하여 그의 어머니에게 선포되었고 성령으로 거룩하게 되었습니다. 그분은 지극히 높으신 하나님의 능력을 통하여 잉태되신 것입니다. 자연적인 능력에 의한 것이 아닙니다. 가장 순결하신 가장 거룩하신 동정 마리아에게서 태어나셨습니다. 그러나 꾸란은 무함마드에 대하여 그는 보잘것없는 자이며, 고아이고 불행하고 하나님의 쓰임을 받는 자라고 말합니다.

Weiter sagt der Alcoran von Christo, Er sey Gottes Wort, Daher freilich jm nicht unbewust noch ungewis gewest ist. Aber Mahmet ist ein ungewisser Prophet. Denn er bekennet selber, das er nicht wisse, wie es jm selbs und den seinen gehen werde. Denn er spricht zu seinen Sarracenen: Ich weis nicht, ob ich oder jr am Rechten sind. Daher man auch redet, Er habe gesagt von seinem Vater und Mutter: Ich wolt gern wissen, wie sie gelebt hetten oder wie es jnen gienge.

꾸란은 계속 그리스도에 대하여 언급합니다. 그는 하나님의 말씀입니다. 이것은 확실합니다. 그러나 무함마드는 불확실한 예언자입니다. 자신과 가족이 어떻게 될지 모른다는 사실을 스스로 인정하기 때문입니다. 그가 사라센인들에게 말하기를 내가 옳은지 당신이 옳은지 알지 못한다고 말합니다. 그래서 아버지와 어머니에 대해서도 이렇게 말했습니다. 그들이 어떻게 살았는지, 어떻게 지내고 있는지 알고 싶습니다.

Man sagt auch, Er sey bezaubert gewest von den Jüden, Nemlich, das die weiber haben sein Wechsern bilde im Angesicht vol Naddeln gesteckt und die selben in einen Brun geworffen. Und ist die gemeine rede, Er sey mit gifft getödtet, die er kriegt hat, da jm eine Jüdinne die aber hat gelasse.

또한 그는 유대인들에게 매혹되어 여자들이 그의 창백한 얼굴에 바늘을 찔러 우물에 던졌다고 합니다. 그리고 유대인들이 그에게서 떠났으며, 그가 얻은 독으로 죽임을 당했다는 것은 일반적인 이야기입니다.

Item, Christus kompt her von Abraham und Isaac, dem die verheissung des segens gegeben ist von dem Erbe. Mahmet aber kompt her von Ismael, den die verheissung nichts angehet, sondern von jm geschrieben ist: Er wird ein wilder Mensch sein, Seine hand wider alle, und aller hand wider jn. Etc.

그리스도는 자손을 약속받은 아브라함과 이삭으로부터 오십니다. 그러나 무함마드는 약속과 아무 관련이 없는 이스마엘로부터 왔습니다. 그는 사나운 사람이 될 것입니다. 그의 손이 모든 사람을 치며, 모든 손이 그를 치게 될 것입니다.

Item, Christus hat nie keine sünde gethan, Denn Gottes Wort und Geist kan nicht sündigen. Mahmet aber ist ein Abgöttischer, Ein Mörder, Frawenschender, Reuber und aller Laster vol gewest, Wiewol sie sagen, Gott habs jm vergeben.

그리스도께서는 결코 죄를 짓지 않으셨습니다. 왜냐하면 하나님의 말씀과 영은 죄를 지을 수 없기 때문입니다. 그러나 무함마드는 우상숭배자, 살인자, 바람둥이, 강도이며, 하나님께서 그를 용서했다고 말하더라도 모든 악덕으로 가득 차 있습니다.

Item Christus hat viel grosser, heilsamer wunder gethan, Mahmet aber nicht eines, Wie der Alcoran zeuget. Denn das man von jm sagt, das ist entweder erlogen oder ummüglich, nerrisch oder kein nutz. Als das er den Mond sol zerteilet haben, Item, das ein Camel geredt habe, Oder sind gar im verborgen geschehen. Denn er selbs bekennet, das er viel dinges bey der nacht und heimlich gethan habe, das er, des tages gefragt, nicht beweisen kund. Darumb auch etlich zu jm sagten: Du sagest, wie du des nachts gen Himel ferest, Fare des tages hinauff, das wirs sehen ung gleuben können. Christus aber hat grosse und herrlich Wunder gethan, bey tage öffentlich fur vielen zusehern, Und sind seine werck offenbar.

그리스도께서 많은 위대하고 유익한 기적을 행했지만, 꾸란이 증언하는 것처럼, 무함마드는 한 가지 기적만을 행한 것은 아닙니다. 그에 대하여 말하는 것은 거짓말이거나, 불가능한 것이나 어리석고 쓸모가 없습니다. 그가 달을 나누었다는 것, 낙타가 말한 것 혹은 은밀하게 행한 것. 그는 밤에 많은 일들을 은밀하게 했다고 고백합니다. 낮에 물어보아도 증명하지 못합니다. 어떤 사람들이 그에게 말합니다.: 어떻게 밤에 천국에 가고, 낮에 잘 지내라고 하면서, 우리가 믿을 수 있냐고 물어봅니다. 그리스도께서는 위대한 영광스러운 기적을 행하셨고, 낮에 공개적으로 많은 사람들에게 보여주셔서, 그의 사역이 드러났던 것입니다.

Item, Christus ist ein ubertrefflicher Meister gewest, Wie der Alcoran sagt, und im Cap. Eleide spricht Gott: 'O Christe, mercke wie ich dir den heiligen Geist gegeben habe zu reden.' Item: 'In der Wigen leret ich dich das Buch, Weisheit, Mose Gesetz und Euangelium.' Mahmet aber ist ein ungelerter Meister, Ein Leye gewest, der kein ander sprache, denn seine mutter sprache gewust, Auch seines eigens Gesetz auslegung nicht verstanden hat. Denn er spricht, Gott allein verstehe den Alcoran.

그리스도께서는 훌륭한 주님이십니다. 꾸란이 언급한 것처럼, 하나님께서는 엘레이데(Eleide) 장에서 말씀하십니다.: 오 그리스도여, 내가 당신이 말할 수 있도록 어떻게 당신에게 성령을 주었는가를 주목하라. 하나님께서는 마찬가지로 말씀합니다.: '내가 요람에서부터 책, 지혜, 모세의 율법과 복음서를 가르쳤느니라.' 그러나 무함마드는 무식한 선생이며 평신도였습니다. 그는 모국어 외에는 다른 언어를 할 줄 몰랐으며 자신의 법을 이해하지 못했습니다. 왜냐하면 그는 하나님만이 꾸란을 이해한다고 말하기 때문입니다.

Item Christus nach dem Euangelio ist gecreutzigt, gestorben, aufferstanden und sitzet zur rechten Gottes; Wiewol der Alcoran sagt, Er sey nicht gestorben, Sondern Gott habe jn zu sich genomen. Er sage nu was er wolle, so stimmet er so fern mit dem Euangelio, das Christus lebe. Mahmet aber ist tod. Nu ist ja besser ein lebendiger helffer, denn ein todter. Warumb folgen denn die Sarracenen nicht lieber Christo denn dem Mahmet? Und lieber dem Euangelio denn dem Alcoran? Und billich zu gleuben ist, das durch den besten Meister das beste Gesetz gegeben sey.

복음서에 따르면, 그리스도는 십자가에 못 박히시고 죽으시고 부활하셔서 하나님 우편에 앉으셨습니다. 꾸란은 그가 죽지 않았다고 말하지만, 하나님은 그를 자신에게 데려가셨습니다. 꾸란은 원하는 대로 말하지만, 그리스도께서 살아 계시다는 복음서에 동의합니다. 그러나 무함마드는 죽었습니다. 살아 있는 조력자가 죽은 조력자보다 낫습니다. 그렇다면 사라센인들이 무함마드 보다 그리스도를 따르지 않는 이유는 무엇입니까? 오히려 꾸란보다 복음서를 좋아합니까? 그리고 최고의 법은 최고의 스승에 의해 주어진다고 믿는 것이 정당한 것입니다.[44]

---

44 Mirum est igitur quomodo sarraceni non secuntur potius Christum quam Mahometum et evangelium quam alchoranum. Maxime cum sit valde credibile meliorem legem esse datam mundo per meliorem legis latorem, et melius conseruatam a Deo veracem et incorruptam, ut superius ostensum est in tertio capitulo etc. 그러므로 사라센인들이 어떻게 무함마드보다 그리스도를 따르지 않고, 꾸란보다 복음서를 따르지 않는지 이상한 일입니다. 특히 위의 3장 등에서 보여드린 것처럼, 더 나은 입법자를 통해 더 나은 법이 세상에 주어졌으며, 그리고 참되고 순결한 하나님에 의해 더 잘 보존되었다는 것이 매우 신뢰할 만하기 때문입니다. 『Contra legem Sarracenorum. 리콜도의 사라센 논박 역주』, 232.

Das XVI. Capit.

Wie das Euangelium den Alcoran ubertrifft.

제16장

복음서가 꾸란을 능가한다

Aus allem, was droben gesagt ist, ist leicht zu erkennen, wie das Euangelium weit uber den Alcoran ist. Denn so haben wir beweiset, das der Alcoran nicht kan Gottes Gesetz sein, Darumb das weder alt noch new Testament davon zeugen, Das weder mit reden noch Lere mit andern stimmet, das jm selbs widerwertig ist, Das mit keinem Wunderzeichen bestetigt ist, Das wider vernunfft, Das öffentliche Lügen drinnen sind, Das Mördisch ist, Das unördig, Das schedlich, Das ungewis ist. Dis alles ist aus dem Alcoran selbs beweiset. Und wer den Alcoran selbs lieset, wirds besser finden, das wir mügen künlich sagen: Wolt jr uns nicht gleuben, so leset den Alcoran. Aber im Euangelio findet sich des alles das widerspiel.

위에서 말한 모든 것에서 복음서가 꾸란을 능가한다는 것을 쉽게 알 수 있습니다. 우리는 꾸란이 하나님의 율법이 될 수 없다고 증명하였습니다. 구약이나 신약성경이 이것에 대하여 증거하지 않습니다. 말하는 것과 교리에서 일치하지 않으며, 자신에게 혐오스러운 것입니다. 그리고 이것은 비합리적인 공공연한 거짓말입니다. 이것은 살인적이며, 치명적이며, 부끄럽고, 불확실합니다. 이것은 모두 꾸란 자체에서 입증되었습니다. 그리고 꾸란을 읽는 사람은 누구나 우리가 인위적으로 이렇게 말하는 것이 더 낫다는 것을 알게 될 것입니다.: 우리를 믿고 싶지 않다면, 꾸란을 읽으십시오. 그러나 복음서에서 이와 상반되는 것을 발견합니다.

Und er selbs Mahmet, fur allen Propheten so jtzt sind oder komen mügen, lobet Christum hoch, Und das Euangelium uber alle Bücher der heiligen Schrifft hebt. Wir wissen aber, das kein zeugnis der Lere oder lebens so stark und krefftig ist als das lob der Widerwertigen, so uns schelten. Denn im Cap. Elmeide spricht Gott: 'Wir haben der Menschen weg gefasset durch Jhesum Christum, Marien son, der aller warhafftigsten Propheten, Und haben jm das Euangelium gegeben, welchs ist das recht und Liecht und öffentliche warheit. Also lobt der Alcoran an viel mehr örten das Euangelium. Und zwar offenbart sichs der welt auffs höhest, an allen orten, in allen sprachen, das ich künlich den Sarracenen sagen mag: wolt jr ewrem Mahmet gleuben, oder nicht gleuben, so leset das Euangelium selbs.

그리고 무함마드는 앞으로 올 모든 예언자들을 위해 그리스도를 높이 찬양하고 성경의 모든 책들보다 복음서를 높입니다. 그러나 우리는 교리와 삶의 증거가 우리를 꾸짖는 무가치한 자들의 칭찬 이상으로 강력하지 않다는 것을 알고 있습니다. 하나님께서는 엘메이데(Elmeide) 장에서 이렇게 말씀하십니다.: 우리는 가장 참된 선지자이신 마리아의 아들 예수 그리스도를 통하여 사람들에게 공의와 빛, 그리고 공공의 진리인 복음을 주었습니다. 그래서 꾸란은 더 많은 곳에서 복음서를 칭찬합니다. 그리고 참으로 내가 사라센인들에게 말하고 싶은 것이 가장 높은 수준, 모든 장소, 모든 언어로 세상에 드러났습니다. 당신은 무함마드를 믿고 싶든 그렇지 않든, 스스로 복음서를 읽으십시오.[45]

Weiter sagt der Alcoran im Cap. Elemphal, Da Gott wolte, das die warheit durch sein wort gewis würde, Und der Ketzer regiment unternomen würde, Und die warheit recht behielte, die Lügen zu nicht würde, Hats Gott also versehen und geordent, damit die Welt durch unwissenheit nicht verdürbe, das dis Gesetz, welches allen gemein und allein nötig ist, nemlich das Gesetze des Euangelii, nicht an einem ort, Sondern in allen landen, nicht in einer Sprache, Sondern in allen Sprachen geschrieben, Ebreisch, Griechisch,

---

45 Horum autem contraria de doctrina evangelica manifeste patent. Nam et Machometus, sicut Christum excellentissime commendauit super omnes alios prophetas qui unquam fuerunt vel erunt, ita etiam magnificauit doctrinam evangelii super omnes alias scripturas Dei. Et scimus quod nunquam est tam ualidum et robustum testimonium doctrine vel uite quam cum ille laudanda loquitur qui ingerere crimen conatur. Dicit autem ipse Machometus in alchorano in capitulo Elmeyde: «Limitavimus uestigia hominum per Iesum filium Marie veracissimum patenter, et dedimus ei evangelium in quo est directio et lux et ueritas manifesta». In pluribus etiam locis in alchorano excellenter evangelium commendatur. 그러나 이것들 중 복음적 교리와는 상반된 것들이 분명하게 드러납니다. 무함마드는 미래에 있을, 혹은 과거에 존재했던 다른 모든 선지자들 위에 있는 그리스도를 가장 탁월하게 칭찬한 것처럼, 그는 또한 하나님의 다른 모든 성경 위에 있는 복음의 교리를 칭찬하였습니다. 그리고 우리는 그가 범죄를 저지르려고 시도하는 칭찬할 만한 사람들에 대해 말할 때만큼 교리나 삶에 대한 강력하고 확고한 증거가 없다는 것을 압니다. 그러나 무함마드는 꾸란의 엘메이데(Elmeyde) 장에서 다음과 같이 말합니다. 《우리는 참으로 마리아의 아들 예수를 통하여 사람들의 발자취를 구분했습니다. 우리는 그에게 복음서를 주었습니다. 그 안에 안내와 빛이 있으며, 분명한 진리가 있습니다. 인도하심과 빛, 그리고 분명한 진리 안에서 복음을 주었습니다.》 꾸란의 여러 곳에서 복음서는 훌륭하게 칭찬됩니다. 『Contra legem Sarracenorum. 리콜도의 사라센 논박 역주』, 234-235.

Latinisch, Und darnach trewlich verdolmetscht würde.

꾸란은 엘렘팔(Elemphal) 장에서 이렇게 말합니다. 하나님은 말씀으로 진리를 확신하고, 이단자들이 다스려지며, 거짓이 아닌 진리가 지켜지기를 원하셨기 때문에, 세상이 무지로 인하여 멸망하지 않도록, 하나님께서 준비하시고 명하셨습니다. 모든 사람에게 공통적이고 필요한 이 법은 복음서의 율법입니다. 이 법은 한 곳, 한 가지의 언어가 아니라 모든 나라에서 모든 언어, 히브리어, 그리스어, 라틴어, 그런 다음 충실하게 번역했습니다.

Darumb auch am ende des Euangelij, Matth. XXVI. Marcxvj, gebot Christus seinen Jüngern, sie solten das Euangelium der gantzen Welt getrost predigen, Und damit sie das thun vermochten, gab er jnen die gaben, mit allen Zungen zu reden und krafft, wunder zuthun. Aber der Alcoran spricht, er sey jn allein, und allein in Arabischer sprache, von Gott gegeben, wie denn die Sarracenen fest darauff stehen, das jn niemand verstehen könne, Wer nicht Arabisch kan. Nu ists offenbar, das nicht alle Welt Arabisch, auch nicht alle lernen können, Und sie doch (wie gesagt ist) rhümen, Es könne niemand selig werden on die, so im Gesetz der Sarracenen leben. Darumb man sie billich fraget, Warumb Gott allein die Sarracenen, oder so Arabisch können, selig wil haben, so der Christen Gesetz in allen sprachen geschrieben ist, leret, das Gott wölle, das alle Menschen selig werden.

그러므로 그리스도께서는 마태복음 26장 끝부분에서 제자들에게 그들이 담

대하게 복음을 온 세상에 선포해야 한다고 명하셨고, 그들이 이것을 행할 수 있도록 모든 방언을 말할 수 있는 은사와 기적을 행하는 능력을 주셨습니다. 그러나 꾸란은 사라센인들이 아랍어를 모르는 사람이 이해할 수 없다고 믿는 것처럼, 하나님께서 오로지 아랍어로만 주셨다고 언급합니다. 온 세상 모든 사람들이 아랍어를 배울 수 없다는 것은 분명합니다. 그리고 이미 언급한 것처럼, 그들은 자랑합니다. 사라센인들의 법 안에서 아무도 구원받을 수 없습니다. 따라서 왜 하나님께서는 오로지 아랍어를 사용하는 사라센인들이 구원받기를 원하시는가에 대하여 물어보게 됩니다. 그리스도인의 율법은 모든 언어들로 씌여져 있기 때문에, 하나님께서는 모든 사람들이 구원받기를 원하십니다.

Wie nu die Sarracenen, die allein mit dem namen sich die seligen oder Erhaltene nennen (wie droben gesagt), Und alle andere wollen warhafftiglich selig werden, So müssen sie Christum erkennen lernen, die einigen Heiland, Und das Euangelium lesen, in welcher sprache sie wollen, so werden sie als denn finden alle desjenigen, so droben uber den Alcoran beweist ist, das widerspiel.

이름만으로 구원받았다고 혹은 (위에서 언급한 것처럼) 보호받았다고 말하는 사라센인들과 다른 모든 사람들이 진정으로 구원받기를 원하는 것처럼, 그들은 유일한 구원자이신 그리스도를 인식하는 법을 배워야 하고, 그들이 원하는 언어로 복음서를 읽어야 합니다. 그러면 꾸란에 대하여 증명된 모든 것, 모순을 발견하게 됩니다.

Finden werden sie, Wie Moses und die Propheten dasselb bezeuget haben; Und das nicht wider sich selbs ist, Auch nicht reim weise oder Poetisch gestellet, sondern einfeltige und schlechte rede, zum besten der einfeltigen, das sie es wol verstehen können. Es ist auch nicht vol eigens lobens, Braucht auch nicht schampar, unzüchtige, sondern gemeine, ehrliche wort. Zuvor aus ist kein mehrlin oder gewessch drinnen. Und ob wol gleichnisse drinnen sind, die deuten sich selbs hernach. So ists auch volkomen, Verbeut nicht allein das eusserlich werck, sondern auch die innerlichen bösen Lüste.

그들은 모세와 선지자들이 같은 일에 대하여 증언한 것과 같은 것을 발견하게 될 것입니다. 그리고 그것은 그 자체로 모순되지 않으며 운율로, 시적으로 표현하는 것도 아닙니다. 단순한 사람들이 이해할 수 있도록 단순하고 직접적인 말을 하는 것입니다. 또한 칭찬으로 가득 차 있지도 않고 욕설도 필요 없고 야비한 말이 아니라 정직한 말을 필요로 합니다. 그 안에는 더 이상 아무것도 없습니다. 그리고 그 안에 있는 비유는 나중에 스스로 해석됩니다. 이것은 외적인 행위뿐만 아니라 내면의 악한 정욕도 쫓아내는 것입니다.

Item, es lesst keinen Mord, Raub, noch gewalt oder unrecht zu, Ja es leret, das man solchs umb Gottes willen leiden sol, und beten fur die feinde, verfolger und Lesterer. So ists auch, wie droben gesagt, ördenlich gestellet und gewis, von gewissen Meistern, nicht so unördig, unrichtig und von ungewissen Meistern wie der Alcoran. Es weiset auch nicht die Leute von sich, so nicht bald gleuben, spricht nicht zu jnen, Wie Mahmet: Mir sey mein Glaube, Euch sey ewer Glaube, als fragt er allein, wo er selig sein möchte, nichts, wo die andern bleiben, Sondern es leret bereit sein zur antwort allen, die ursachen begeren jres Glaubens und Hoffnung, wolten alle Menschen gern selig haben und nicht sich allein.

살인, 강도, 폭력, 불의를 인정하지 않습니다. 그렇습니다. 하나님을 위해 그러한 고난을 받아야 한다고 가르치고, 원수와 박해자들과 배신자들을 위해 기도합니다. 위에서 언급한 것처럼, 꾸란과 같이 불확실한 대가(大家 Meister)의 부정직하고 부정확한 부분이, 확실한 대가(大家)에 의하여, 정리되고 확실해 진다는 것입니다. 그것은 또한 사람들이 곧 믿지 않는다고 해서 외면하지 않습니다. 무함마드처럼 그들에게 이렇게 말하지 않습니다.: "나에게는 내 믿음이 있고, 당신에게는 당신의 믿음이 있습니다." 마치 다른 사람들이 어디에 남게 될지가 아니라, 그가 어디에서 구원을 받을지 묻는 것처럼, 자신만이 아니라 모든 사람들이 구원 받기를 원한다면, 믿음과 소망이 있는 모든 사람들에게 응답할 준비가 되어 있어야 합니다.

Und das gebürt auch einem weisen vernünfftigen man, das er Grund und ursach seines thuns und lerens anzeige, Sonst möcht ein jglicher Narr Gesetz geben und stellen, was er wolt, Und darnach sagen, denen, die jnen umb grund und ursach fragten: 'Mir sey mein Gesetz, Euch sey ewr Gesetz, Mir sol niemand zu wider oder anders gleuben'.

또한 현명하고 합리적인 사람은 그가 행동하고 배우는 이유와 원인을 보여주어야 합니다. 그렇지 않으면 모든 어리석은 사람은 그가 원하는 것을 제시하며, 그 이유와 원인에 대해 묻는 사람들에게 다음과 같이 말할 것입니다. '나에게는 내 법이, 당신에게는 당신의 법이 있습니다. 어느 누구도 나를 반대하거나 다르게 믿지 마십시오.'

Das XVII. Capitel

Was die Sarracenen auff das alles antworten.

제17장

이 모든 것들에 대한 사라센인들의 답변

Hierauff wollen etliche zenckische und geistlige Sarracenen antworten also: Wir sagen nicht, das das Euangelium nicht von Gott sey, so dasselb der Alcoran öffentlich zeuget. Sagen auch nicht, das es einen feil habe oder unvolkomen sey, weil es von Gott ist, Sondern es gebeut so hoch und volkomen ding, das die Welt nicht vermag zu halten. Denn wer kan Gott von gantzem Hertzen lieben, und seinen Nehesten als sich selbs? Wer kan beten fur seine verfolger und lesterer? Wer kan von Hertzen guts thun denen, so jm böses thun? Und viel ander hohe ding gebeut das Euangelium.

일부 논쟁꾼들과 영적인 어떤 사람들이 그에게 말합니다.: 우리는 복음서가 하나님으로부터 온 것이 아니라고 말하지 않습니다. 꾸란을 똑같이 공개적으로 증언합니다. 복음서는 하나님으로부터 온 것이기 때문에, 복음서를 평가절하하거나 불완전하다고 말하지 마십시오. 복음서는 세상이 지킬 수 없을 정도로 숭고하고 완전한 것을 명령합니다. 누가 마음을 다하여 하나님과 이웃을 사랑하겠습니까? 누가 박해하며 학대하는 자들을 위하여 기도하겠습니까? 누가 악을 행하는 자들에게 선을 행하겠습니까? 그리고 복음서는 다른 숭고한 것을 명령합니다.

Weils nu ein solch Gesetz war, das man nicht halten kundte, Hat Gott die Welt beraten mit dem Gesetz der seligkeit, und die gebot leichter gemacht, und den Alcoran der Welt gegeben, der nicht so schwer ist, und die leute durch jn leichtlich selig werden können. Daher sagen sie, der Alcoran sey besser fur den gemeinen man, und der welt gar seer gnug zur seligheit, Und heissen auch den Alcoran derhalben mit sonderlichem namen das Gesetz der seligkeit. Also schliessen sie nu, das der Alcoran sey an des Euangelij stat komen, Und was im Euangelio guts gewest ist, das ist im Alcoran, das man hinfurt des Euangelij nichts darff.

지키지 못할 율법이 있기 때문에, 하나님은 구원의 율법으로 세상을 권하사 계명을 가볍게 하셨습니다. 그래서 사람들이 구원받을 수 있도록 어렵지 않은 꾸란을 주셨습니다. 따라서 일반 사람에게 더 나은 꾸란을 주고, 세상이 구원받기에는 충분했습니다. 꾸란을 구원의 율법이라고 부릅니다. 그들은 복음서 대신에 꾸란이 왔다고, 그리고 복음서의 좋은 것이 꾸란에 있기 때문에, 복음서로 가지 않아도 된다고 결론을 내립니다.

Aber das ist ja öffentlich erlogen. Denn es lesst sich mit warheit nicht sagen, das das Euangelium sey eine zeitlang, nemlich bis auff den Alcoran, gegeben, Und der Alcoran solte an seine stat komen sein, Weil der Alcoran selbs zeuget, das im Euangelio sey die warheit und seligkeit. Denn wie kan Warheit und seligkeit weichen? oder wem sollen sie weichen?

그러나 그것은 공공연한 거짓말입니다. 꾸란이 주어질 때까지 복음서가 한동안 존재하는 것이라고 말해서는 안 됩니다. 꾸란은 복음서 안에 진리와 구원이 있다는 증언합니다. 어떻게 진리와 구원이 무너지겠습니까? 아니면 그것들이 누가 무너뜨리겠습니까?

Weiter taugs nicht, das man sage, das nach dem Gott das Euangelium gegeben hatte, aller erst hernach gemerckt habe, das die welt nicht halten kündte; Und darumb sein wort geendert und die gebot gelindert habe, gerade als wüste Gott nicht, was wir weren und vermöchten, bis ers hernach erfure, so doch ein Mensch wol zuvorweis, was sein Vieh ertragen kan oder nicht. Viel mehr hat Gott zuvor gewust, ob das Euangelium zu schweer sey, und was die Menschen tragen können.

하나님이 복음서를 주신 후에 세상이 지키지 않는다는 것을 아셨다고 말하는 것은 좋지 않습니다. : 그러므로 그가 그의 말씀을 바꾸어 계명을 완화시켰다는 것은, 마치 하나님께서 우리가 무엇이었으며, 무엇을 할 수 있는가를 나중에 알게 될 때까지 모르는 것과 같습니다. 사람은 그의 가축이 견딜 수 있는지 없는지를 미리 알고 있습니다. 하나님은 복음서가 너무 무거운지, 사람들이 짊어질 수 있는 것이 무엇인지 훨씬 더 미리 아셨습니다.

Auch sagt der Alcoran selbs, die Sarracenen seien nichts, Wo sie nicht das Euangelium und Mose Gesetz erfüllen, wie droben gesagt.

또한 꾸란은 위에서 언급한 것처럼, 사라센인들이 복음서와 모세 율법을 성취하지 않는 한 아무것도 아니라고 말합니다.

Weiter ist der Alcoran leichter denn das Euangelium, so ist er deste ferlicher, wo sie den nicht halten. Nu halten jn die Sarracenen nicht, das ist offenbar. Denn sie trincken Wein und sauffen sich vol und essen bey jnen verboten speise, Halten die Fasten nicht noch die gebet und geben nicht almosen nach jrem vermögen und viel anders mehr, Welchs wol weis, wer unter jnen gewonet solchs erfaren hat.

또한 꾸란은 복음서보다 더 지키기 쉽습니다. 그래서 사라센인들이 꾸란을 지키지 않는 곳에서 꾸란은 더욱 더 위험합니다. 사라센인들은 지키지 않고 있는 것이 분명합니다. 그들은 포도주를 마시고 취하며 금지된 음식을 먹습니다. 그들은 금식하지 아니하고 기도하지도 아니하며 자신의 능력에 따라 구제하지도 아니하며 이보다 더한 일을 합니다. 그들 중에서 누가 이러한 일을 경험했는지 알고 있습니다.

Wol ists war, das Mahmet gern hette ein leicht Gesetz gegeben, Aber es ist jm nicht verhenget, seinen Griffel also zu regirn, das er nicht viel schweres mit unter schriebe. Erstlich ist das ja ein schweres, das niemand den Alcoran verstehet, on Gott allein, wie er im Alcoran sagt, Wie wol das nerrisch ist geredt, ut supra cap. Viij.

Item er bekennet, das Maria eine Jungfraw Jhesum geborn habe, und das Gott ein Wort und heiligen Geist habe, Welchs schweer zu gleuben und bey uns durch Wunder bestettigt, als notdürfftige Artickel zur seligkeit.

실제로 무함마드가 지키기 쉬운 법을 주었으면 좋았을 것입니다. 그러나 어려운 것을 쓰지 않도록 펜을 통제해서는 안 됩니다. 우선적으로 어느 누구도 꾸란을 이해하지 못하며, 오직 하나님만이 꾸란을 이해한다는 것은 납득하기 어렵습니다. 이것은 위에 8장에서 인정하는 것처럼, 매우 어리석은 것입니다. 마찬가지로 그는 동정녀 마리아가 예수를 낳으시고, 하나님께서 믿기 어려운 말씀과 성령을 가지고 계시며, 이것이 구원에 필수적인 기적으로 우리에게 증명되는 것이라고 고백하고 있습니다.

Auch ist er schweer der werck halben, als sich beschneiten, Nicht Wein trincken, und fur alle trunckenheit durch starck getrencke sich zu hüten, Fasten und Beten und almosen geben, nach eines jglichen vermügen, und viel anders, welchs gar wenig Sarracenen halten.

그는 또한 할례를 하고, 포도주를 마시지 아니하며 독한 음주로 인하여 술에 취하는 것을 경계하고, 금식하고 기도하며 자기 능력에 따라 구제하는 것은 어려운 일입니다. 소수의 사라센인들이 지키지만, 많은 다른 사람들은 지키지 못합니다.

Ists nu den Menschen not gewest, das die gebot des Euangelij erleichtert, und der Alcoran als ein leichter Gesetz gegeben würde,

So möcht einer fur geben, Es were not, das man noch ein leichter Gesetz gebe, welchs die Menschen halten kündten, und also beide, Euangelium, Alcoran, Moses und zuletzt alle Gesetz weg gethan würden, bis wir theten, was jederman gelüstet. Darumb bleibe es da bey, wie Salomon sagt, Ecc. Ultimo: Fürchte Gott, und halt seine gebot, das gebürt allen Menschen.

이제 복음서의 계명을 지키기 쉽게 만들고, 꾸란이 지키기 쉬운 율법으로서 주어지는 것이 필요하다면, 사람들이 지킬 수 있도록 더 쉬운 법이 주어지는 것이 필요하다고 할 수 있습니다. 복음서와 꾸란, 모세율법, 그리고 마지막으로 모든 율법이 폐지될 것이며, 그때까지 우리는 원하는 대로만 할 것이라고 주장할 것입니다. 따라서 솔로몬이 마지막으로 이렇게 말한 것처럼, 그대로 두십시오.; 하나님을 경외하고 모든 사람들에게 주어진 계명을 지키십시오.

찾아보기

A

Abgötterey 우상숭배 97
Alcoran 꾸란 20, 21, 23, 28, 30, 31, 33, 34,
　42, 46, 51, 53, 54, 55, 56, 57, 58, 64, 66,
　67, 69, 70, 73, 74, 78, 79, 80, 89, 92, 96,
　104, 105, 116, 117, 124, 125, 128, 134,
　137, 138, 141, 142, 146, 151, 152, 153,
　156, 157, 158, 164, 167, 168, 169, 170,
　171, 172, 173, 174, 180, 183, 184, 188,
　189, 190, 192, 193, 197, 198, 199, 200,
　201, 203, 204, 205, 206, 207, 208, 209,
　210, 214, 215, 216, 217, 218, 219
Apostel 사도 28, 41
Arianer 아리우스주의자 34
Aufferstehung 부활 108

B

Babylon 바빌론 31, 52, 62
Bapst 교황 20
Beischlefferin 동거녀 39
Beschneitung 할례 39
Beten 기도 93
Biblia 성경 47, 49
Blinder 맹인 102
Blut 피 23
Brunst 욕정 58, 95, 96, 110, 111, 112, 130

C

Confutatio Alcoran 꾸란 논박 20
Creatur 피조물 34, 36, 38, 115, 136, 185,
　189, 190, 196
Creutz 십자가 22, 40, 52, 166

D

Demut 겸손 40

E

Ebioniten 에비온파 39
Ebreisch 히브리어 208
Ehebruch 간음 90
Ehre 영광 97
Eid 맹세 92
Endechrist 적그리스도 164
Engel 천사 166
Euangelium 복음서 44, 48, 51, 52, 53, 65,
　116, 120, 128, 129, 138, 146, 148, 151,
　185, 192, 196, 197, 199, 204, 206, 207,
　209, 210, 214, 215, 216, 217, 219

F

Farre 수소 129
Fastelmond 이슬람의 라마단(Ramadan, 약
　한 달 동안의 금식 기간) 154
Fastnacht 참회의 화요일 21
Fasten 금식 159, 217, 218
Feind 원수 20, 28, 50, 86, 101, 119, 143,

160, 211
Ferligkeit 위험 101
Finsternis 어둠 69
Fliegen 파리 58
Fleisch 육신 23
Fraw 여인 36, 61, 65, 69, 72, 81, 91, 92, 93, 103, 104, 109, 122, 124, 129, 132, 152, 201
Frawenschender 바람둥이 203
Friede 화평 40
Feige 무화과 114

G
Gedult 인내 40
Gerechtigkeit 정의 48, 186
Gesetz 율법 30, 31, 32, 40, 41, 42, 44, 45, 46, 48, 52, 53, 55, 63, 70, 78, 82, 89, 91, 92, 95, 96, 97, 99, 101, 103, 114, 116, 141, 142, 146, 147, 148, 149, 151, 153, 154, 156, 160, 163, 164, 165, 167, 179, 182, 198, 204, 205, 206, 208, 209, 212, 215, 216, 217, 218, 219
Gewalt 능력 186, 211
Gottes Apostel 하나님의 사도 65, 82, 97, 98, 122, 159
Gottes Wesen 하나님의 본성 33
Gottes Seele 하나님의 영혼 33, 34, 45, 141
Gottheit 신성 33, 43, 119
Gottes gesetz 하나님의 율법 45, 46, 55
Gottes Son 하나님의 아들 36, 122, 127, 128, 131
Gottes Wort 하나님 말씀 34, 43, 131, 137, 188, 191, 192, 193, 195, 196, 201, 203
Griechisch 그리스어 208
Gütigkeit 선함 186

H
Heiden 이교도 44
Himel 하늘 25, 28, 36, 56, 62, 70, 135, 154, 175, 176, 177, 192, 193, 203
Himelreich 천국 105

J
Jacobiten 야콥파 교도 50, 91
Jüden 유대인 27, 35, 37, 46, 47, 48, 70, 117, 118, 121, 122, 128, 167, 187, 197, 202
Jungfraw 동정녀 36, 93, 118, 152, 201, 218

K
Kalb 송아지 129
Ketzer 이단 33, 49, 73, 154, 208
Keuscheit 순결 40, 68
König 왕 21, 52, 91, 151, 152, 165, 166
Kue 암소 40, 70, 98, 129, 141, 152

L
Latinisch 라틴어 209
Leib 육체 26, 107
Lere 교리 128, 144
Liecht 빛 68, 69, 207
Lügen 거짓말 84, 94, 116, 117, 119, 124, 125, 126, 127, 128, 134, 137, 138, 142

M
Macedoner 마니교도 38
Meineid 위증 156, 158, 159
Meister 주인, 저자, 대가(大家) 89, 95, 119, 142, 164, 165, 204, 211, 212
Menscheit Christi 그리스도의 인성 43
Mond 달 60, 78, 134, 135, 203
Mord 살인 67, 87, 90, 141, 149, 156, 163, 211
Mörder 살인자 203
Mutter Christi 그리스도의 어머니 127

N

Nachkömlinge 후손들 40
Nacht 밤 84, 135, 174, 178, 203
Natur 자연 63, 72, 111, 151
Natürliche recht 자연법 149
Nestorianer 네스토리우스교도 50, 167
new und alt Testament 신약, 구약성경 28

P

Prediger Ordens 설교자들의 수도회 20, 31, 73
Prophet 선지자 36, 41, 46, 47, 48, 49, 53, 56, 57, 70, 77, 78, 79, 80, 83, 90, 91, 94, 95, 99, 106, 118, 131, 151, 153, 155, 166, 179, 192, 197, 199, 201, 207
Psalm 시편 24, 26

R

Reuber 강도 203
Richter 법관 48, 81

S

Sarracenen 사라센인들 21, 23, 27, 37, 45, 50, 52, 55, 66, 67, 72, 73, 78, 87, 90, 91, 96
Sarracener Gesetz 사라센법 42
Schwert 칼 27, 42, 45, 82, 83, 84, 142, 143, 144, 145, 148, 180
Secten 종파 50, 71, 99, 145, 172, 198
Seele 영혼 24 45, 61, 110, 112, 181
Seligkeit 구원 38, 64, 65, 66, 96, 104, 105, 106, 108, 113, 196, 197, 199, 215, 218
Sonne 해 59, 135, 179
Sünde 죄 24, 40, 70, 71, 72, 90, 94, 121, 157, 164, 190, 203

T

Tag 낮 62, 91, 135, 203
Tattern 타타르인 118, 121, 149
Teufel 마귀 20, 28, 30, 33, 37, 38, 118, 164
Tissch 식탁 65, 105, 120, 154
Tochter 딸 91, 95, 126
Trawrigkeit 슬픔 32
Tribut 세금 71, 157
Türcken 터키인 21, 23, 27, 28, 111

U

Unrecht 불의 23, 30, 141, 156, 211

V

Vernunfft 이성 43, 44, 50, 51, 87, 89, 95, 96, 97, 101, 102, 103, 106, 114, 125, 146, 206
Verstand 이해 43, 106, 119, 187, 188
Veter 교부 85, 108
Volck 백성 23, 56, 59, 167, 169, 170, 178

W

Waise 고아 70, 158, 201
Wansinniger 미치광이 56
Warheit 진리 67, 79, 99, 116, 129, 134, 139, 145, 146, 147, 155, 162, 180, 183, 188, 191, 196, 197, 199, 207, 208, 215
Weib 여인 57, 94, 102, 113, 129, 131, 144, 163, 194
Wein 포도주 61,70, 83, 115, 217
Weisheit 지혜 95, 98, 165, 185, 186, 204
Wonung 거주지 59
Wunder 기적 42, 45, 61, 64, 78, 79, 80, 82, 85, 87, 124, 132, 151, 163, 181, 189, 203, 209, 218
Wunderzeichen 기적의 표적 46, 79, 81, 84, 85, 89, 142, 179, 180, 206

Z
Zeugnis 증언 46, 79, 207